股票型基金投资

刘 柯◎编著

从入门到精通

U0650007

中国铁道出版社有限公司

CHINA RAILWAY PUBLISHING HOUSE CO., LTD.

图书在版编目（CIP）数据

股票型基金投资从入门到精通/刘柯编著.—北京：
中国铁道出版社有限公司，2022.10
ISBN 978-7-113-29387-1

Ⅰ.①股⋯ Ⅱ.①刘⋯ Ⅲ.①股票投资-基本知识
②基金-投资-基本知识 Ⅳ.①F830.91②F830.59

中国版本图书馆CIP数据核字（2022）第116011号

书　　名：**股票型基金投资从入门到精通**
　　　　　GUPIAOXING JIJIN TOUZI CONG RUMEN DAO JINGTONG

作　　者：刘　柯

责任编辑：张亚慧　奚　源　**编辑部电话**：（010）51873035　**邮箱**：lampard@vip. 163. com
封面设计：宿　萌
责任校对：孙　玫
责任印制：赵星辰

出版发行：中国铁道出版社有限公司（100054，北京市西城区右安门西街 8 号）
印　　刷：三河市兴达印务有限公司
版　　次：2022 年 10 月第 1 版　2022 年 10 月第 1 次印刷
开　　本：700 mm×1 000 mm 1/16　印张：13.25　字数：177 千
书　　号：ISBN 978-7-113-29387-1
定　　价：69. 00 元

前言

　　股票投资是大部分投资者选择的一种财富增值方法，因为股票市场风云变幻，市场中隐藏着投资机会，投资者获利的机会也多。但事实上很多人对股市抱着想靠近而不敢靠近的心态，一方面是因为股市投资需要投资者自身具备丰富的投资经验和技巧；另一方面股市投资风险较大，投资者稍有不慎便可能遭受经济重创。

　　在这样的情况下，很多投资者将投资的目光转向了基金市场。股票型基金的投资对象仍然是股票，但是因为有专业的基金管理人进行管理，无疑减少了投资者的投资压力，使投资者可以以一种更轻松、便捷的方式享受股市收益。因此，股票型基金成了不少投资者的首选。

　　股票型基金将大部分基金资产投资于股票市场，投资收益非常可观；另外，股票型基金并非单一的股票投资，而是在基金经理的投资理念下做的一揽子股票集合投资，这样投资更分散，投资风险也更低。从投资门槛来看，股票型基金投资门槛较低，更适合闲钱不多或者是需要做小额投资的投资者。

　　为了便于更多投资者了解股票型基金，做好股票型基金投资，享受股票市场的投资收益，我们特地编写了本书。

全书共 7 章，可分为三个部分：

◆ 第一部分为第 1~2 章，是基础认识部分，重点为读者介绍了股票型基金及关于基金投资的一些基本知识，为后面的股票型基金投资打下基础。

◆ 第二部分为第 3 ~ 5 章，是整本书的主要部分，围绕股票型基金介绍了一系列投资的基本方法，包括股票型基金的选择，特殊的股票型基金投资及股票型基金投资中的一些实用技巧，帮助读者快速掌握股票型基金的投资方法。

◆ 第三部分为第 6 ~ 7 章，是能力提升部分，重点介绍了基金组合投资和基金定投这两种投资方法，帮助投资者做更稳健的投资，同时也能帮助投资者提升投资能力，进而提高投资收益。

该书的优势在于从实用的角度出发，为投资者介绍了一系列实用的、稳健的、经典的股票型基金投资方法。书中列举了大量的投资实例，帮助读者理解，同时也帮助读者加深对投资技术和经验的理解。

书中内容由浅及深、逐层深入地为读者进行了知识点和使用技巧的介绍，既适合有一定经验的投资者夯实自身的投资基础，也适合新手投资者轻松学习股票型基金投资的相关知识。最后，希望所有读者都能从书中学到想学的投资知识，任何投资都有风险，请各位读者朋友们谨慎投资。

编　者

2022 年 6 月

目录

第1章 股票型基金投资从认识开始

基金投资因为门槛低、交易便捷、资金灵活成为目前备受欢迎的投资方式之一，其中，股票型基金获得的关注度更高，想要通过股票型基金投资获得高收益回报，首先需要对股票型基金有必要的认识。

1.1 什么是股票型基金..2

1.1.1 股票与股票型基金有什么区别..2

1.1.2 为什么投资股票型基金而不直接投资股票..................................3

1.1.3 股票型基金与其他类型基金的比较..4

1.2 一只基金是如何运作的..5

1.2.1 基金正式发行需要经过的流程..6

1.2.2 图解分析基金运作过程中的角色..7

1.3 股票型基金的类型有哪些..9

1.3.1 根据股票型基金的投资策略划分..9

1.3.2　根据股票型基金的投资方向划分 10

1.3.3　根据股票型基金的运作方式划分 12

1.3.4　根据股票型基金的管理方式划分 13

1.3.5　根据股票型基金的募集对象划分 14

第 2 章　做好股票基金投资前的基础工作

　　当下，投资已变得越来越简单，通过一部智能手机就可以随时随地展开投资。但是，如果因为投资操作简单就贸然入市，尤其是新手投资者，很可能遭受不必要的损失。

2.1　开立一个基金账户 16

2.1.1　了解基金的多个购买渠道 16

2.1.2　如何开立基金账户 17

2.1.3　基金开户之后还能销户吗 19

2.2　基金交易的关键环节 20

2.2.1　基金的认购 20

2.2.2　基金的申购 21

2.2.3　基金的赎回 22

2.2.4　基金转托管行为 25

2.2.5　基金的转换操作 26

2.3　基金投资不可不知的重要信息 27

2.3.1　基金投资有哪些费用 27

2.3.2　与基金净值相关的术语 29

　　　实例分析　查看各类基金净值 30

2.3.3　与基金收益分配类相关的术语 31

2.3.4　与基金持仓相关的术语 31

2.3.5　基金分红有哪些情况 32

实例分析 基金分红的本质 33

第 3 章　股票型基金怎么去选

　　股票型基金是基金市场中热门且数量众多的一类基金，不同的股票型基金有不同的投资策略和投资对象，会带来不同的投资回报，投资者需要从中选择真正有潜力的，可能会带来丰厚投资回报的股票型基金。

3.1　从基金的基本情况出发查看基金质量 36

3.1.1　基金公司的管理能力 36

3.1.2　基金经理的运作水平 37

3.1.3　基金的历史业绩表现情况 38

实例分析 查询前海开源公用事业股票基金（005669）的历史业绩 39

3.1.4　从基金的投资风格选择 40

实例分析 风险承受能力测试 41

3.2　利用基金评级选择更稳健的基金 44

3.2.1　基金评级是怎么回事儿 44

3.2.2　利用晨星评级选择基金 46

实例分析 晨星基金网筛选基金 46

3.2.3　选基金时评级和排名谁更重要 47

3.3　从风险的角度筛选安全性更高的基金 49

3.3.1　贝塔系数查看基金的波动情况 49

3.3.2　最大回撤率看基金抗风险能力强弱 50

实例分析 计算基金的最大回撤率 50

3.3.3　夏普比率衡量投资性价比高低 51

实例分析 比较分析两只基金的性价比 52

3.3.4　标准差衡量基金波动稳定程度 53

3.4 分析基金的各项信息再做投资决定 53

    3.4.1 审阅基金招募说明书 54

    实例分析 查看基金招募说明书 55

    3.4.2 审阅基金年报 56

    实例分析 查询基金年报 60

    3.4.3 分析基金财务报表 61

第 4 章　其他类型的股票型基金

在其他类型的基金中，如果基金的投资标的中 80% 以上都是股票，则该基金可以视为股票型基金。这类基金除了具备股票型基金的特性以外，还具有自己的独有特点，使其在投资操作上与一般的股票型基金存在一定的差异。本章就来具体认识一下其他类型的股票型基金。

4.1 被动型投资的指数基金 64

    4.1.1 理解指数及指数基金 64

    4.1.2 选择适合自己的指数基金 65

    实例分析 查询指数基金跟踪误差 67

    4.1.3 技术面分析指数基金 68

    实例分析 交银上证 180 公司治理 ETF 基金（510010）双重顶形态

    卖出分析 73

4.2 QDII 基金全球配置规避风险 74

    4.2.1 QDII 基金的设立及其特点 75

    4.2.2 QDII 基金与一般开放式基金申赎的异同 78

    4.2.3 QDII 基金投资必会的筛选技巧 79

4.3 上市型开放式基金 LOF 80

    4.3.1 LOF 基金的基本特征 81

4.3.2　LOF 基金的转托管 ……………………………………… 82

4.3.3　LOF 基金的套利方法 …………………………………… 83

实例分析　国富 100（164508）基金溢价套利分析 ……………… 84

4.4　长期持有的封闭式基金 …………………………………… 87

4.4.1　封闭式基金的交易特点 ………………………………… 87

4.4.2　封闭式基金认购期认购和场内买入 …………………… 88

4.4.3　封闭式基金的 3 种获利方式 …………………………… 89

4.4.4　封闭基金到期后的处理 ………………………………… 91

第 5 章　关于股票型基金的一些投资技巧

很多人对股票型基金投资存在误解，认为股票型基金不需要像股票一样实时盯盘，只需要长期持有即可。其实不是，股票型基金是基金中风险最高的一类基金，投资者需要针对市场和自身的投资策略，选择适合的投资方法。

5.1　坚持价值投资思维 ………………………………………… 94

5.1.1　理解"价值投资"的核心 ……………………………… 94

5.1.2　股票型基金中价值投资的操作法 ……………………… 94

5.1.3　判断基金价值是否被低估 ……………………………… 97

实例分析　蚂蚁理财查看指数估值情况 ……………………………… 98

5.2　追涨杀跌做波段投资 ……………………………………… 99

5.2.1　高抛低吸做波段 ………………………………………… 100

5.2.2　震荡行情更适合做波段 ………………………………… 101

实例分析　熊市基金投资分析 …………………………………… 102

实例分析　震荡市基金投资分析 ………………………………… 104

5.2.3　波段投资更适合右侧交易 ……………………………… 105

实例分析　右侧交易实现波段投资 ……………………………… 107

5.2.4 支撑位买进，压力位卖出 108

实例分析 根据基金净值走势找阻力位 109

实例分析 根据趋势线找寻支撑位 110

实例分析 阻力位变为支撑位 111

5.3 根据轮动策略做投资 112

5.3.1 理解板块轮动的核心 112

5.3.2 基金二八轮动策略 114

5.3.3 从行业轮动角度投资 115

5.4 打新基金低风险投资 117

5.4.1 理解什么是打新基金 117

5.4.2 打新基金怎么去买 119

实例分析 天天基金网购买打新基金 119

5.4.3 如何挑选打新基金 121

第6章 搭建基金组合降低投资风险

虽然任何投资都无法完全规避风险，但是我们可以想办法尽可能地去降低风险，基金组合投资就是其中比较有效的一种降低风险的方式。比起单一的股票基金投资，组合式的基金投资显然风险更低，获胜的几率更高。

6.1 组合投资使风险由聚集变分散 124

6.1.1 集中投资还是分散投资 124

6.1.2 组合投资讲究正确的分散 125

6.1.3 基金组合投资如何实现 127

6.2 个人投资者如何创建基金组合 129

6.2.1 制定一个清晰明确的目标 129

6.2.2 确定股票型基金的仓位 130

6.2.3　选择心仪的目标基金 ⋯⋯⋯⋯⋯⋯⋯⋯⋯⋯⋯⋯⋯⋯⋯ 134

6.2.4　基金组合并非一劳永逸而要注意调整 ⋯⋯⋯⋯⋯⋯⋯⋯ 136

6.3　基金的经典组合形式 ⋯⋯⋯⋯⋯⋯⋯⋯⋯⋯⋯⋯⋯⋯⋯⋯⋯ 138

6.3.1　哑铃型平衡基金组合 ⋯⋯⋯⋯⋯⋯⋯⋯⋯⋯⋯⋯⋯⋯⋯ 138

实例分析 国泰沪深 300 指数 A（020011）＋南方中证 500ETF（510500）⋯139

6.3.2　核心＋卫星基金组合 ⋯⋯⋯⋯⋯⋯⋯⋯⋯⋯⋯⋯⋯⋯⋯ 142

6.3.3　金字塔型稳健式组合 ⋯⋯⋯⋯⋯⋯⋯⋯⋯⋯⋯⋯⋯⋯⋯ 147

实例分析 金字塔型稳健基金组合 ⋯⋯⋯⋯⋯⋯⋯⋯⋯⋯⋯⋯ 148

6.3.4　利用股债均衡策略做组合 ⋯⋯⋯⋯⋯⋯⋯⋯⋯⋯⋯⋯⋯ 150

实例分析 股债平衡策略下的基金组合 ⋯⋯⋯⋯⋯⋯⋯⋯⋯⋯ 151

6.4　不同类型投资者的基金组合 ⋯⋯⋯⋯⋯⋯⋯⋯⋯⋯⋯⋯⋯⋯ 153

6.4.1　工薪族的基金组合投资策略 ⋯⋯⋯⋯⋯⋯⋯⋯⋯⋯⋯⋯ 153

6.4.2　全职妈妈的基金组合投资 ⋯⋯⋯⋯⋯⋯⋯⋯⋯⋯⋯⋯⋯ 157

实例分析 全职妈妈的基金组合理财 ⋯⋯⋯⋯⋯⋯⋯⋯⋯⋯⋯ 158

6.4.3　退休职员的基金养老计划 ⋯⋯⋯⋯⋯⋯⋯⋯⋯⋯⋯⋯⋯ 160

实例分析 退休职员的基金组合理财 ⋯⋯⋯⋯⋯⋯⋯⋯⋯⋯⋯ 161

第 7 章　不用择时的基金定投法

在基金投资中，很多投资者觉得困难的就是"择时"，不知道什么时候才是买入的最佳机会，以至于常常出现买在高位、卖在低位的情况。但是，有这么一种投资方法可以解决择时难的问题，帮助投资者更好地完成投资，这就是基金定投。

7.1　全面了解基金定投 ⋯⋯⋯⋯⋯⋯⋯⋯⋯⋯⋯⋯⋯⋯⋯⋯⋯ **164**

7.1.1　什么是基金定投 ⋯⋯⋯⋯⋯⋯⋯⋯⋯⋯⋯⋯⋯⋯⋯⋯⋯ 164

实例分析 支付宝理财设置基金定投 ⋯⋯⋯⋯⋯⋯⋯⋯⋯⋯⋯164

7.1.2　基金定投的选择标准 ⋯⋯⋯⋯⋯⋯⋯⋯⋯⋯⋯⋯⋯⋯⋯166

7.1.3 基金定投的时间频率 167

实例分析 每月定投和每周定投的比较 168

7.1.4 基金定投扣款失败 169

7.2 制订适合自己的定投计划 **171**

7.2.1 确定每月的定投金额 171

实例分析 利用 PMT 函数计算定投金额 172

7.2.2 筛选适合做定投的基金 174

实例分析 比较两只不同波动情况的基金投资收益 174

实例分析 晨星网查看基金的标准差 176

7.2.3 选择一条适合定投的渠道 177

7.3 选择适合的智能定投模式 **178**

7.3.1 均线模式：以均线偏离程度确定定投金额 179

实例分析 支付宝智能定投均线策略 179

7.3.2 成本模式：从投入成本的角度考虑定投金额 181

实例分析 汇添富中的移动平均成本法智能定投 182

7.3.3 估值模式：根据指数的估值情况来调整定投金额 183

7.3.4 盈亏模式：根据投资的盈亏情况来调整定投金额 184

7.4 掌握止盈方法及时落袋为安 **186**

7.4.1 目标止盈法 186

7.4.2 最大回撤法止盈 188

7.4.3 动态止盈法 189

7.4.4 估值止盈法 191

实例分析 韭圈儿网查询指数估值情况 192

7.4.5 卖出利润法止盈 194

7.5 提升定投技能的小技巧 **195**

7.5.1 定投的真实收益率怎么计算 195

7.5.2 定投的时间多长比较好 198

第1章

股票型基金投资从认识开始

　　基金投资因为门槛低、交易便捷、资金灵活成为目前最受欢迎的投资方式之一，其中，股票型基金获得的关注度更高，因为股票型基金同样在股市追涨逐利，但投资者承担的投资风险却比普通的直接炒股投资者更低。想要通过股票型基金投资获得高收益回报，首先需要对股票型基金有必要的认识。

- 股票与股票型基金存在什么区别
- 为什么投资股票型基金而不直接投资股票
- 股票型基金与其他类型基金的比较
- 基金正式发行需要经过的流程
- 图解分析基金运作过程中的角色

1.1 什么是股票型基金

股票型基金是基金众多类型中的一种，它指的是投资于股票市场的基金。同样的，我们将投资于债券市场的基金称为债券型基金；将投资于货币市场的基金称为货币型基金；将混合投资于多个市场的基金称为混合型基金。

简单来说，投资者尽管只购买了一只股票型基金，却相当于购买了一篮子股票，风险更分散，费用更低，投资也更灵活。下面我们就来仔细认识一下股票型基金。

1.1.1 股票与股票型基金有什么区别

在进行股票型基金投资之前，首先要明确股票与股票型基金二者之间的区别。虽然股票和股票型基金都将资金投资于股票市场，享受股价上涨后带来的收益，但是二者却是完全不同的两种投资工具，这里我们以一幅图来帮助理解，如图 1-1 所示。

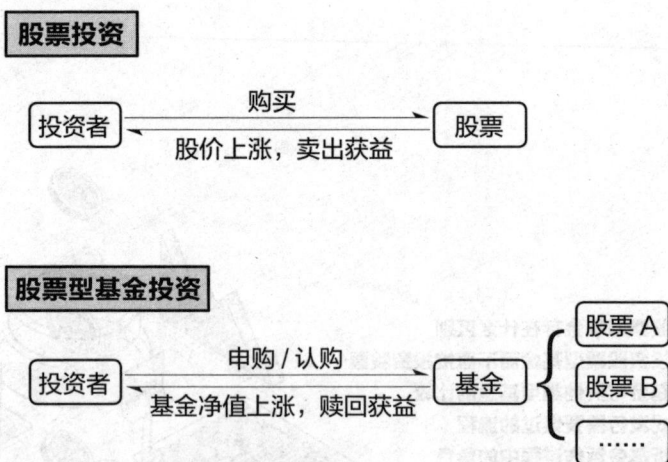

图 1-1 图解股票及股票型基金

从上页图可以看到，股票与股票型基金本质上就不同。

首先，股票是股票公司在筹集资金时所用的一个凭证，投资者购买股票即成为公司的股东。而股票型基金的投资对象虽然为股票市场，但是本质上却仍然是基金，并且一只股票型基金是由许多不同的股票组合而成，其中各只股票的投资金额在基金中的占比也不同，由基金经理进行统一的管理操作。

其次，在价格上股票与股票型基金也不同。股票的价格处于实时变化之中，可能前一分钟与下一分钟的价格出现较大的差异；而股票型基金的单位净值是以日为单位变化的，当天交易日 15:00 结束后公布价格，即每天只有一个价格。从价格波动来看，股票型基金相比股票稳定得多。

所以，尽管股票与股票型基金都是对股票市场进行投资，但是它们却是完全不同的两个投资工具。

1.1.2 为什么投资股票型基金而不直接投资股票

通过前面的内容我们了解到股票和股票型基金实际上都是在对股票市场进行投资，那么对投资者来说，为什么有些人不直接投资股票，而是选择投资股票型基金呢？这就不得不说一说股票型基金的投资特点了。

（1）专业性投资

很多投资者都有自己的投资想法和意图，但是却缺乏专业的投资理财知识和经验，如果直接投资股市风险较大，股票型基金则不同。股票型基金由专业的基金经理负责投资管理，他们自身具备了雄厚的金融背景知识，同时还有丰富的投资实战经验，除此之外，基金公司还能为其提供专业的投研辅助。

试想一下，由这些专业的基金管理人为投资者跟踪市场，打理资金，是不是比投资者自己直接投资股票风险更低呢！

（2）风险更分散

股票投资是单一投资，而股票型基金则不同，它是十几只甚至几十只股票的投资组合。当我们对一只股票进行单一投资时，遇到下跌，跌停的概率较大，而组合投资时，十几只股票或几十只股票同时下跌或遭受跌停的可能性较低。

对于普通投资者来说，他们的精力有限，难以同时关注十几只或几十只股票的涨跌变化，股票型基金则为投资者排忧解难，贴心地提供了股票投资组合，投资者只需用较少的钱就能拥有多只股票，使投资风险更小、更分散。

（3）选择面更广

对于散户投资者来说，股市投资最大的问题就是部分股票的股价太贵了，即便看好未来发展也没有本金买进，进而眼睁睁地错过投资机会。例如贵州茅台（600519）股价，早已超过千元，投资者买进 1 手也需要花费十几万元。

那是不是意味着投资者就不能对它进行投资了呢？当然不是，此时投资者可以转投股票型基金，选择持有贵州茅台股票的基金，买进成本更低，还能够享受股价上涨带来的收益。因此，股票型基金投资拓宽了投资者的选择范围。

综上所述，股票型基金更适合缺乏投资经验和专业理财知识，投资资金有限以及投资风格更稳健的投资者，而股票投资更适合有一定投资经验和投资资金较多的投资者。

1.1.3　股票型基金与其他类型基金的比较

基金中除了股票型基金外，还有债券型基金、货币型基金以及混合型基金，因为它们的投资对象不同，使得其投资性质不同，相应的，适合的投资者类型也不同。投资者在做基金投资之前，不要盲目地选择股票型基金进行投资，而应该根据不同类型基金具备的特点选择真正适合自己的基金类型。

对于不同类型的基金，我们可以从风险和收益的角度来对比，如表 1-1 所示。

表 1-1　比较不同类型的基金

基金类型	特　　点	风　　险	收　　益	适用投资者类型
股票型基金	持股比例大于 80%	高风险	高收益	激进型投资者
混合型基金	股票、债券混合持有，比例不固定	较高风险	较高收益	积极型投资者
债券型基金	持债比例大于 80%	较低风险	较低收益	稳健型投资者
货币型基金	仅投资于货币市场工具	低风险	低收益	保守型投资者

从上表可以看到，因为股票投资属于高风险投资，所以基金持股比例的高低决定了风险以及收益的高低。股票型基金持股比例最高，所以对应的投资风险和收益也最高，货币型基金不投资股票市场，所以它的投资风险和收益也是最低的。收益与风险相伴而行，投资者应根据自己的风险喜好和承受能力选择合适的基金类型进行基金投资。

1.2　一只基金是如何运作的

基金投资与股票的直接投资不同，它是集合大众资金，共同分享投资利润、共同分担投资风险的一种集合投资方式，所以相对于股票投资来说，它的运作过程也更复杂。

1.2.1　基金正式发行需要经过的流程

一只公募基金从产品设计到最终发行上市，需要经过一系列的步骤，具体如下。

◆　第一步，产品设计

产品设计其实就是指基金管理公司根据前期的市场调查以及对市场发展趋势的分析，决定最终的投资策略，即将资金集合起来投资到哪里才可能获得较高的收益回报。

◆　第二步，申报审批

基金管理公司确定好投资方向，设计好基金产品之后还不能直接面向公众募集资金，必须获得证监会的审批。基金管理公司需要向证监会提供一系列相关的申报材料，例如基金产品的名称、产品申请报告、基金合同草案、基金托管协议和基金招募说明书等。经过证监会审批同意，做好相关的备案工作之后，新的基金产品才允许发行。

◆　第三步，确认发行

基金公司获得证监会审批同意之后，就可以开始着手制订发行计划了，具体包括发行时间、发行渠道等内容。

◆　第四步，募集资金

基金正式发行之后就进入资金募集阶段，在这一阶段中投资者只能买进基金，不能卖出。通常新基金的募集期在 2～3 个月，如果这只基金的基金经理历史的基金产品业绩表现优异的话，可能会快速吸引大批的投资者买进，进而缩短募集时间，但是也存在延迟募集期的情况。

投资者需要注意的是，在募集期投资者认购的基金是没有收益的，因为新的基金还未建仓完毕，即投资者的资金还没有被基金经理用来购买证券市场上的投资产品，因此不会带来收益。

◆　第五步，基金正式成立

基金的募集认购期结束之后，基金管理公司便会聘请会计师事务所再次向证监会递交书面申请材料。如果证监会批准，会对新基金进行备案，并且基金会进入一个最长不超过 7 天的验资期，验资结束后宣告基金成立，基金合同生效。

◆　第六步，进入封闭期

一只新基金正式成立后，会进入一个封闭期，在此期间基金不接受投资者的申购和赎回请求，即投资者在该阶段不能买进，也不能卖出之前买进的份额。有些基金公司会在封闭期的后期开放申购通道，也就是说，此时投资者可以申购，但还是不能赎回。

根据相关规定，基金的封闭期不能超过 3 个月。这一期间，基金经理会按照之前基金合同的规定，去证券市场上购买股票或债券等投资产品，也就是所谓的基金初步建仓期。

◆　第七步，正式运行

基金的封闭期结束后，投资者就可以正常进行申购或赎回操作了。在基金运行期间，基金经理会根据市场环境和行情适时地对之前的仓位和投资品种进行调整和管理，以提高投资收益率。

以上就是一只基金的大致运作过程，可以看到，一只新的基金从产品设计到最终的正式运行，经过了一系列步骤。相信在看完之后，投资者可以对基金投资产生更深刻地理解。

1.2.2　图解分析基金运作过程中的角色

基金投资有别于股票的直接投资，它不是由投资者自己进行投资操作的，而是将资金交给专业的基金管理人，让他们来打理资金，做具体的投资决策，投资者只需要支付管理费用即可。那么，在这一投资过程中，投资者和基金管理人分别扮演了什么样的角色呢？我们通过一个基金运作图来进行理解，如图1-2所示。

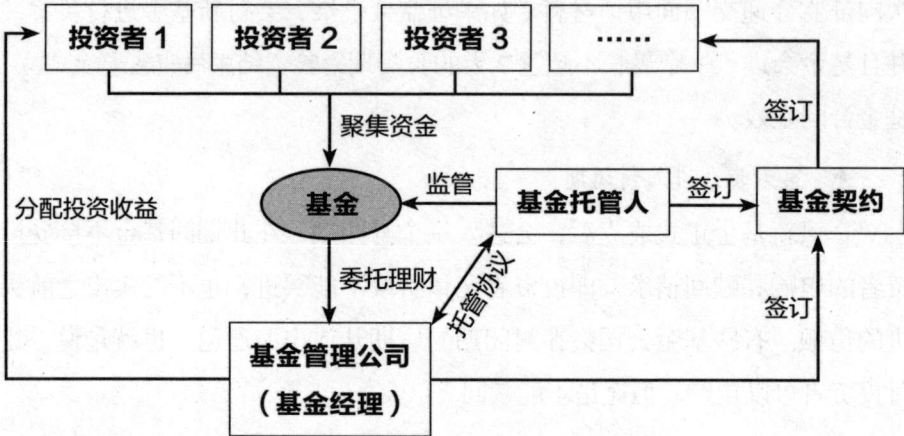

图1-2　基金运作

根据上面的基金运作流程图，我们可以得到如下信息。

①基金是由众多投资者的资金汇集而成的。

②基金由基金公司中专业的基金管理人进行投资运作管理。

③投资者、基金管理人、基金托管人通过基金契约的方式建立信托协议，确立投资者出资并享有收益和承担风险、基金管理人受托负责理财、基金托管人负责保管资金的信托关系。

④基金管理人与基金托管人（主要是银行）通过托管协议确立双方的责权。

⑤投资后的收益由基金公司分配给投资者。

可以看到，在基金运作过程中有三个重要的主体：一是基金托管人，负责基金的监管，一般由金融机构担任；二是基金管理人，负责基金的投资操作，由基金公司中的基金经理担任；三是投资者，享受基金投资的收益，但同时也要承担投资的风险。

1.3　股票型基金的类型有哪些

股票型基金实际上是一个比较笼统的说法，将 80% 以上资金投资于股票的基金都称为股票基金，但实际上根据不同的划分标准，股票基金也可以分为不同的类型，且不同类型的股票基金具有不同的投资特点，适合不同的投资者。

1.3.1　根据股票型基金的投资策略划分

根据股票型基金投资策略的不同对基金进行划分，可以将其细分为价值型、成长型和平衡型 3 种类型。

（1）价值型基金

价值型基金采取的是低买高卖投资策略，重点关注股票的价格是否合理，即买入价值被低估的低廉股票，待股价上涨后卖出获利。因此，价值型基金常常投资于公用事业、金融、工业原材料等比较稳定的行业股票，而一些风险较高的新兴行业，如网络科技、生物制药等通常不会触及。

正是基于这样的原因，所以在这 3 类基金中，价值型基金的风险最小，但是投资收益也最低，更适合风险承受能力较低的保守型投资者。

（2）成长型基金

成长型基金的投资策略与价值型基金差异较大，它在投资时较少考虑股票的价格，更多考虑的是股票背后公司的成长性，更倾向于选择有发展潜力的、处于成长期的公司。因此，在具体选股时会更青睐于科技类、生物制药以及新能源等行业股票。

出于这样的投资决策，使得成长型基金具有较高的风险性，相应的，赚取高收益的成长空间也更大。所以，成长型基金更适合风险承受能力较高的投资者。

（3）平衡型基金

平衡型基金是处于价值型和成长型之间的一种基金类型，在投资策略上，它将一部分资金投资于股价被低估的股票，一部分资金投资于处于高成长性行业上市公司的股票。在这样的投资策略下，平衡型基金的风险性和收益性都介于价值型和成长型基金之间，更适合大部分投资者。

综上所述，投资者可以根据 3 种基金的收益性和风险性来进行选择，它们的风险性排名：成长型基金>平衡型基金>价值型基金；收益性排名：成长型基金>平衡型基金>价值型基金。

1.3.2　根据股票型基金的投资方向划分

根据投资方向不同对股票型基金进行划分，可以将其分为以下 4 种类型。

（1）大盘、中小盘股票型基金

首先要明确一点，这里的大盘、中小盘并不是指基金的规模大小，而是指基金的投资方向。如果基金投资于大盘股票就是大盘基金，投资于中小盘股票就是中小盘基金。这就说明，一只可能只有 2.00 亿元规模的基金，如果它投资于大盘股票，那它就是大盘基金；而一只上百亿元规模的基金，如果它投资于中小盘股票，那它就是中小盘基金。

对于目前国内 A 股市场上市公司，晨星基金网按照总市值的规模对其进行划分，分为大盘、中盘和小盘 3 类。具体的分类方式如下。

◆　大盘股：累计市值百分比小于或等于 70％的股票。

◆　中盘股：累计市值百分比在 70％～90％的股票。

◆　小盘股：累计市值百分比大于 90％的股票。

大盘基金和中小盘基金没有孰优孰劣之分，只是投资方向不同而已，市场永远处于变化之中，有可能大盘股上涨，也有可能中小盘股上涨。

（2）行业股票型基金

行业股票型基金其实不难理解，简单来说，就是专门买某一行业股票的基金，例如，白酒行业基金、医药行业基金、新能源行业基金以及消费行业基金等。

需要注意的是，行业通常呈现周期性变化，容易受到政策的影响，所以投资者投资单一行业基金风险较大。

（3）主题概念股票型基金

主题概念股票型基金实际上包括两类：主题基金和概念基金。它是根据未来经济发展的趋势，将某一个主题或者概念作为选择行业和投资的标准，主要用来满足投资者对于特定投资对象的个性化需求，投资于某一主题或者概念的细分行业的基金。

行业主题基金，比如消费主题基金、医药健康主题基金和农业主题基金等。概念主题基金，比如国企改革概念基金、5G概念基金和华为概念基金等。

主题概念基金在投资标的选择上会集中投资在围绕特定主题或概念的个股上，所以它的持股集中度比较高，相对应的基金收益波动也会比较大，或者说风险相对比较大。如果投资者选对了主题，就可能获得比较高的超越市场的收益，但如果选错了，也有可能遭受比较大的损失。

这类主题概念基金对投资者的专业能力有一定的要求，需要具备准确的判断力，并不适合零基础基金投资者参与。

（4）混合类股票型基金

混合类股票型基金指的是投资方向不固定、不单一的股票型基金，它会根据市场的发展进行混合投资，一般选择市场中发展较好，具有成长性的股票，是比较灵活的一种基金类型。在市场中，这类股票型基金比较多。

1.3.3 根据股票型基金的运作方式划分

根据股票型基金的运作方式不同进行划分，可以将其分为开放式基金和封闭式基金。对于这两种基金我们可以从概念上来进行理解。

开放式基金又称共同基金，指基金发起人在设立基金时，基金单位或者股份总规模不固定，可视投资者的需求，随时向投资者出售基金单位或者股份，并可以应投资者的要求赎回发行在外的基金单位或者股份的一种基金运作方式。

封闭式基金是指基金发行总额和发行期在设立时已确定，在发行完毕后的规定期限内发行总额固定不变的证券投资基金。封闭式基金的投资者在基金存续期间内不能向发行机构赎回基金份额，基金份额的变现必须通过证券交易场所上市交易。

由此可以看到，开放式基金和封闭式基金在运作方式上存在较大的区别，具体如表 1-2 所示。

表 1-2　开放式基金与封闭式基金的区别

项　　目	开放式基金	封闭式基金
基金份额	规模是不固定的，投资者可以随时申购和赎回	规模是固定的，运作期间规模也不会改变
交易制度	支持随时申购和赎回	在封闭期内不能进行赎回操作，但部分基金可转托管到场内交易
期限不同	没有固定期限	有期限，如 5 年期战略配售基金

尽管二者在运作方式上存在较大差异，但是它们也存在相同点，开放

式基金既有场内的也有场外的，封闭式基金大多数为场外的，但也有场内的封闭式基金。

开放式基金和封闭式基金的区别在于运作方式，而这对于投资者投资来说影响并不大，但开放式基金限制更少，操作更灵活，更适合大部分的普通投资者。

1.3.4　根据股票型基金的管理方式划分

根据基金经理对股票型基金管理方式的不同进行划分，可以将其分为主动管理型基金和被动管理型基金。

主动管理型基金就是指需要基金经理主动组合管理的基金。换句话说，主动型基金的收益高低，很大程度上取决于基金经理的专业能力和投资水平，经验丰富、投资能力强的基金经理往往更能取得高额投资回报。

被动管理型基金与主动管理型基金相反，通常会选取特定的指数成分股作为投资对象，不主动寻求超越市场的表现，而是试图复制指数的表现。因为被动型基金始终保持即期的市场平均收益水平，所以其收益不会太高也不会太低。

主动管理型基金因为对基金经理的依赖性较强，需要有人进行操盘，也需要大量的量化计算，所以主动管理型基金的管理成本要更高，基金公司也会收取投资者更多的管理费用。同时，这种主动管理型基金是以超越市场的业绩表现为目标，所以可能获得更高的收益回报。

两种基金中，主动管理型基金具有高风险、高收益的特点，适合投资风格更积极的投资者。而被动管理型基金追求市场平均收益，风险更低，更适合投资风格稳健的投资者。

1.3.5 根据股票型基金的募集对象划分

根据股票型基金的募集对象不同可以将其分为公募基金和私募基金。其中,公募基金的募集对象是广大社会公众,即社会中的不特定投资者;而私募基金面向的是少数的特定投资者,包括机构和个人。

公募基金与私募基金存在较大的区别,具体如表1-3所示。

表1-3 公募基金和私募基金的区别

项　　目	公募基金	私募基金
募集方式	通过公开发售的方式进行	通过非公开发售方式进行
信息披露要求不同	对信息披露有非常严格的要求,包括投资目标、投资组合等信息都要披露	对信息披露的要求很低,具有较强的保密性
投资门槛	起投门槛较低,适合广大投资者	投资门槛较高,如100.00万元起投
投资限制不同	在投资品种、投资比例、投资与基金类型的匹配上都有严格的限制	投资限制由协议内容约定
投资对象不同	投资对象以标准化资产为主,例如股票、债券、货币资产等	投资范围更广,包括非标准化债权、股权等

对于大部分的投资者来说,公募基金更适合,因为证券发行数量多,募集资金潜力大,投资者范围广,可以避免发行的证券过于集中或被少数人操纵。另外,公募基金流动性强、投资门槛低,也更适合普通投资者。

第 2 章

做好股票基金投资前的基础工作

当下，投资已变得越来越简单，通过一部智能手机就可以随时随地展开投资。但是，如果因为投资操作简单就贸然入市，尤其是新手投资者，很可能遭受不必要的损失。对此，投资者要做好股票基金投资前的一些必要的基础工作，为后续的投资打好基础。

- 了解基金的多个购买渠道
- 如何开立基金账户
- 基金开户之后还能销户吗
- 基金的认购
- 基金的申购

2.1 开立一个基金账户

基金账户主要用于基金投资买卖操作和收益结算，换句话说，没有账户就不能进行基金投资。所以，开立基金账户是基金投资的前提。

2.1.1 了解基金的多个购买渠道

如今，越来越多的人开始投资理财，基金投资也成为一件平常的事，我们常常可以在各种各样的渠道中看到推销基金的广告。要知道，在不同的渠道中购买基金，获得的投资体验以及投资服务是不同的，下面就来盘点一下如今市场中比较主流的基金购买渠道有哪些。

（1）银行

银行是比较传统的一个理财渠道，在大多数投资者的心中有着安全、放心的印象，所以在选择投资渠道时，很多投资者会优先选择银行。在银行进行基金投资有两种途径：一是银行柜台购买，一般银行都配备了理财窗口，有专业的客服人员进行推荐介绍，这种方式比较适合不会使用智能手机，或者年龄较大的投资者；二是银行网银或手机银行，各大银行通常都提供有网银和手机银行服务，投资者可以直接通过网银或手机银行完成基金投资，方便快捷。

（2）证券交易公司

由于证券公司在资本市场上的业务特性，使其在专业性上是权威的，同时部分券商作为资本市场中的重要机构，自身也在发行基金产品，所以更具专业性。

在证券交易公司购买基金，有专业的客户经理向投资者推荐产品。根据《中华人民共和国证券法》规定，只有拥有基金执业证书的专业人员才能提供基金推荐服务，所以投资者能够获得更专业的服务。

另外，证券公司被证监会直接监管，券商在本金安全、合规性要求以及各种手续流程等方面都是最规范的，进而能有效保障投资者的合法权益。

（3）基金公司

投资者也可以在基金公司官网直接购买该公司旗下的基金产品，这样还能避免第三方代销的服务费。但是需要注意一点，基金公司通常只销售自己公司的基金产品，所以基金产品更单一，投资者的选择面较窄。

（4）支付宝、微信理财通以及京东金融等平台

支付宝、微信理财通以及京东金融等平台拥有巨大的用户流量，为此，它们也展开了基金业务，并且代销的基金数量也越来越多，基金种类也越来越丰富。

因为这类平台与我们日常的生活、支付习惯紧密相连，所以购买基金更便捷，不需要另外下载 App 或者是开立账户，只要完成了实名认证即可开始投资。

（5）专业的基金代销网站

市场中还有一类专业的基金代销网站，例如天天基金、蛋卷基金以及好买基金等。它们提供的基金产品更丰富，以天天基金为例，有几千只基金在售，投资者的选择余地较大。并且投资者可以得到翔实的基金数据、排名、测评报告，方便对拟购基金进行评判。

另外，这些基金代销网站也有对应的手机 App，方便客户随时随地展开投资活动。

2.1.2　如何开立基金账户

基金账户又称 TA 基金账户，是指注册登记人为投资人建立的用于管理和记录投资人交易该注册登记人所注册登记的基金种类、数量变化情况

的账户。

基金账户包括两种：一种是用来买卖在交易所上市交易的基金账户，比如 ETF、封闭式基金、开放式基金等；另一种就是用来申购和赎回在基金公司或者是证券公司的基金产品的基金账户。

投资者开通证券投资基金账户前，需要开通股东账户，所以开通证券投资基金账户一定要开通股东卡。而开立申购和赎回的基金账户未必一定需要开通股东账户，只需要开通资金账户即可，但是两者所需的资料都是一致的。

个人在基金开户时需要提交的资料如下。

◆ 本人有效身份证件原件及复印件。

◆ 个人投资者委托他人代办时，授权委托人还应提供经公证的授权委托书、代理委托人身份证原件及复印件。

此外，投资者基金账户开户必须满足以下条件。

①16 周岁以下自然人不得办理基金账户开户，16～18 周岁自然人申请办理基金账户开户应提供收入证明。

②办理基金账户开户，需由本人亲自到证券公司柜台办理，若委托他人代办基金账户开户的，还需提供经公证的委托代办书、代办人的有效身份证明原件；如果委托人身份证为二代证，需提供正反两面的身份证复印件。

③基金账户开户时需填写《证券客户风险承受能力测评问卷》。

④办理银行三方存管，需填写《客户交易结算资金第三方存管协议书》，同时基金账户开户本人需携带本人银行借记卡去银行网点柜台确认，没有该银行借记卡者仅需在银行柜台新办借记卡即可。

⑤基金账户开户的办理时间为周一至周五的 9:00～15:00。其他时间段包括周末办理基金账户开户的，都要到下一个交易日才能开通成功。这

是因为申请办理基金账户开户需提交中国证券登记结算公司审核，而中国证券登记结算公司在非交易时间段是不受理相关业务审核的。

机构投资者开户需要提交以下资料。

①工商行政管理机关颁发的有效法人营业执照（副本）或民政部门和其他主管部门颁发的注册登记书原件及复印件。

②法定代表人证明书、法定代表人身份证复印件。

③法定代表人授权委托书（加盖机构公章和法定代表人签章，以下简称"授权委托书"）。

④授权委托人身份证件及复印件。

⑤填写一式两联《开户申请表》，加盖公章和法定代表人签章。

2.1.3　基金开户之后还能销户吗

对于基金账户，很多投资者存有疑问，如果我们哪天不想做基金投资了，不再使用基金账户了，还可以注销吗？答案是肯定的。

投资者要知道，基金账户是可以销户的，但是需要本人携带身份证去基金公司进行账户注销。如果投资者是在银行购买的基金，则需要在网银上进行注销操作。投资者登录个人网上银行后，在"网上证券／网上基金／账户管理"中即可注销基金公司 TA 账户和基金交易账户。

投资者办理基金账户销户还需要满足以下两个条件。

①基金账户的状态要正常。

②无任何基金份额和基金在途业务及权益。

另外，投资者申请注销基金账户需要提供各种相关的资料，具体如下。

①将业务申请表上的信息填写完整。

②能够证明本人身份的身份证复印件及原件。

③代办人有效身份证件原件及复印件和本人的授权委托书（如非本人亲自办理）。

④基金账户卡或交易账号卡原件。

如果投资者的基金账户出现以下一些情况是不能注销基金账户的。

①投资者当日有交易申请。

②投资者持有注册登记人登记的任何基金份额（包括冻结额）。

③投资者存在注册登记人登记的尚未确认的交易。

④投资者持有尚未兑现的基金权益。

⑤基金账户处于冻结状态。

但是事实上，基金账户即便不注销，也不会对投资者产生什么影响，因为它本身也不收费。

2.2　基金交易的关键环节

基金交易与直接投资股票的交易存在较大不同，尤其是在买卖操作环节中，投资者做股票基金投资有必要了解并掌握基金交易的重要环节，才能更好地完成投资。

2.2.1　基金的认购

基金认购是指投资者在开放式基金募集期间、基金尚未成立时购买基金份额的过程。通常认购价为基金份额面值（1元/份）加上一定的销售费用。投资者认购基金应在基金销售点填写认购申请书、交付认购款项。

简单来说，新基金首次发售基金份额为基金募集，在基金募集期内购买基金的行为就是基金认购。一般来说，新基金的认购期最长为一个月。

需要注意的是，投资者在认购期内买入的基金是不能赎回的，必须要等到基金募集期结束、完全上市流通之后才能卖出。因此，基金的认购期可以看作是基金的一个建仓期。

目前，基金认购方式主要分为网下现金认购、网上现金认购、网下组合证券认购和网上组合证券认购 4 种方式。

新基金认购的渠道主要有以下 4 个。

①在新发基金公司直销点认购。

②部分新发基金可以在基金公司官网上认购。

③有代销资格银行的基金账户，可直接到银行柜台认购。

④有某新发基金代销资格证券公司基金账户的投资者可直接将资金转到资金账户上，在证券公司交易软件上认购。

2.2.2　基金的申购

除了基金认购之外，基金还有一种买入方式——基金申购。申购是基金主要的买入方式，是指投资者到基金管理公司或选定的基金代销机构开设基金账户，并按照规定的程序申请购买基金份额的行为。申购基金份额的数量是以申购日的基金份额资产净值为基础计算的，具体计算方法应符合监管部门有关规定的要求，并在基金销售文件中载明。

认购和申购都是买入基金份额，二者存在哪些区别呢？具体如表 2-1 所示。

表 2-1　基金认购与申购的区别

项　目	基金认购	基金申购
购买时间	开放式基金成立之前，资金募集期间	开放式基金成立后，资金运作期间
赎回时间	存在封闭期，需要等到封闭期结束后才能赎回	没有封闭期，买入确认后的第二个工作日便可进行赎回操作
基金净值	基金认购的单位基金净值一般为1.00 元	基金申购以当日基金交易的单位基金净值为准，可能大于 1.00 元、等于 1.00 元或小于 1.00 元
是否可撤销	投资者在份额发售期内已经正式受理的认购申请是不可以撤销的	投资者在当日基金业务办理时间内提交的申购申请，可在当日15:00 前提交撤销申请，予以撤销

　　从上表可以看到，基金认购和基金申购虽然都是基金份额的买入方式，但二者却存在较大的差异。我们在实际的投资中可能选择基金认购，也可能选择基金申购，具体的买入方式要根据基金实际情况以及自身的投资策略来进行选择。

2.2.3　基金的赎回

　　基金赎回是指投资者将持有的基金份额全部或部分出售给基金管理人，退出基金投资，并拿回资金的行为。赎回所得的金额是卖出基金的单位数乘以卖出当日的基金单位净值，再减去赎回费用，计算公式如下。

　　赎回金额＝赎回当日基金单位净值 × 持有的基金份额 − 赎回费用

　　基金赎回关系着投资者的投资是否获利，投资者尤其需要注意以下几个问题。

（1）基金赎回的步骤

基金赎回分为两个步骤：第一步是计算赎回金额；第二步是资金到账。在发出基金赎回申请后，相关方会根据当天的基金净值情况来计算投资者的金额。需要注意的是，不同类型的基金计算确认的时间会有所不同，比如普通开放式基金一般需要 T+1 交易日确认份额，QDII 类基金需要 T+2 交易日，FOF 类则需要 T+4 交易日。因此，也就使得不同类型的基金其赎回时间不同。

（2）基金赎回的时间

基金合同生效后不超过 3 个月的时间就可以开始办理基金的申购和赎回。基金赎回一般需要两个工作日的时间进行系统确认，再进行清算，所以基金赎回需要经过 T+2 日，系统确认之后才能赎回成功。

根据规定，如果在当天 15:00 以前申购的基金需要 T+1 个工作日确认，T+2 个工作日可以确认查询，进行赎回操作。

（3）基金的赎回数额

通常，投资者赎回基金不会有份额限制，可以将其持有的全部或部分基金份额赎回。对于投资者的最低基金赎回份额和最低基金保留份额，则以基金合同中的具体规定或相关公告来决定。

但如果基金发生巨额赎回时，投资者的赎回份额就可能受到限制。在基金的某个交易日，基金赎回申请超过上一日基金总份额的 10% 时，称为巨额赎回。

当巨额赎回申请发生时，基金管理人有以下两种处理方式。

全部赎回。当基金管理人认为有能力兑付投资者的赎回申请时，按照正常的赎回程序执行赎回操作。

部分赎回。基金管理人将以不低于单位总份额 10% 的份额按比例分配投资者的申请赎回数；投资者未能赎回部分，在投资者提交赎回申请时应做出延期赎回或取消赎回的明示。注册登记中心默认的方式为投资者取消赎回，选择延期赎回的，将自动转入下一个开放日继续赎回，直到全部赎回为止；选择取消赎回的，当日未获赎回的部分申请将被撤销。延期的赎回申请与下一个开放日赎回申请一并处理，无优先权，并以该开放日的基金单位净值为基础计算赎回金额。

（4）基金暂停赎回或拒绝赎回

一般来说，基金管理人不得拒绝或暂停基金投资者的赎回申请，但如果出现下列情况则例外。

①出现不可抗力。

②证券交易场所交易时间非正常停市。

③因市场剧烈波动或其他原因而出现连续巨额赎回，导致本基金的现金支付出现困难时，基金管理人可以暂停接受基金的赎回申请。

④法律、法规、规章允许的其他情形或其他在基金契约中已载明并获中国证监会批准的特殊情形。

发生上述情形之一的，基金管理人将在当日立即向中国证监会备案。已接受的赎回申请，基金管理人将足额支付；如暂时不能支付的，按每个赎回申请人已被接受的赎回申请量占已接受赎回申请总量的比例分配给赎回申请人，其余部分在后续工作日予以兑付。

如果出现上述第3种情形时，对已接受的赎回申请可延期支付赎回款项，最长不超过正常支付时间20个工作日，并在指定媒体上公告。

此外，基金赎回还存在一些小技巧，掌握这些技巧可以帮助投资者避免遭受一些经济损失，具体如下。

◆ 避免周末、节假日赎回

前面介绍过，基金赎回一般需要 T+2 日的时间，但需要注意的是，这里的 T+2 指的是赎回时间完全处于工作日的情况。如果投资者的赎回申请遇到节假日或周末，则会顺延，使得赎回花费更长的时间。这样一来，不仅会降低资金的流动性，还可能会失去一些不错的投资机会。因此，投资者在赎回时应尽量避免周末、节假日。

◆ 选择赎回时间短的基金

前面提到过，不同类型的基金赎回时间不同，有的基金赎回期限为 T+1，有的基金赎回期限为 T+2，有的基金甚至需要更长时间。那么我们在选择基金时就可以有意识地选择赎回时间更短的基金，减少时间成本。

2.2.4 基金转托管行为

基金转托管是指基金份额持有人申请将其在某一销售机构交易账户持有的基金份额全部或部分转出并转入另一销售机构交易账户的行为。例如某投资者原来在中国工商银行申购了某只基金，后来发现中国农业银行离家更近，于是就可以进行基金份额的转托管，把该基金从中国工商银行转托管到中国农业银行。

基金转托管包含两个步骤，即投资者先从原来的机构中转出持有的基金份额，然后将基金份额转入到新机构中。投资者需要带上身份证、基金账户卡和原机构的资金卡在原购买基金的网点办理转托管转出业务，然后在 20 个工作日内到转入机构办理转入申请。办理转托管业务时，要求投资者在即将转入的销售机构先开立基金交易账户。

一般情况下，投资者于 T 日转托管基金份额成功后，转托管份额于 T+1 日到达转入方网点，投资者可于 T+2 日起赎回该部分的基金份额。转托管后，原托管份额的存续时间在转到新的托管网点后仍旧连续计算。权益登记日的前 5 天和后 3 天内，不接受投资人转托管的业务申请。

对投资者来说，转托管是一种节省时间，为自己提供便利的操作，能使投资更轻松。

2.2.5　基金的转换操作

基金的转换实际上是基金赎回的一种。我们知道基金赎回就是将原本持有的基金份额转换成现金，并退回到自己的账户中，但是，如果投资者并不想取出现金，而是想买入其他基金，此时就可以进行基金份额转换操作，使原本持有的基金份额转换成另外一种基金份额，这就是基金转换操作。

基金直接转换相比常规的先赎回再申购操作更简单、更高效、也更省时。例如，投资者在 4 月 20 日 15:00 前做出赎回申请，最快 4 月 22 日资金到账可用，4 月 22 日申购新的基金，4 月 23 日确认份额。这样一个流程走下来，需要 3 ～ 5 个工作日，这里还不包括周末或节假日的顺延时间。

但是，如果投资者进行基金转换则可以直接在 4 月 20 日 15:00 点前申请基金转换，4 月 21 日便可确认。显然基金转换要比通常的先卖后买效率高很多，缩短了资金空转的时间。

其次，基金转换相比先赎回再申购更节省投资成本。投资者如果先赎回一只基金再申购其他基金，那么需要支付的投资成本包括：旧基金的申购费、旧基金的赎回费以及新基金的申购费。而基金转换操作中，投资者只需要支付旧基金的赎回费和新基金的申购费补差。

申购费补差指的是如果旧基金的申购费高于新基金，那么投资者无须补差；如果旧基金的申购费低于新基金，那么投资者就需要补交新基金与旧基金的申购费差额。

但是，投资者可在任一同时代理拟转出基金及转入目标基金销售的销售机构处办理基金转换。而且，投资者转换申请中的两只基金要符合如下3 个条件。

①在同一家销售机构销售的，且为同一注册登记人的两只开放式基金。

②前端收费模式的开放式基金只能转换到前端收费模式的其他基金，申购费为 0 的基金默认为前端收费模式。

③后端收费模式的基金可以转换到前端或后端收费模式的其他基金。

在实际的投资操作中，平台通常已经为投资者自动处理好，当投资者选择基金转换时，平台会自动提供可转换的基金供投资者选择，非常简单便捷。

2.3　基金投资不可不知的重要信息

了解了基金的基本运作过程之后，投资者还不可贸然入市，想要稳健地展开投资，提高投资获胜的概率，那么基金投资中的一些重要信息就不可不知。

2.3.1　基金投资有哪些费用

在上面的内容中提到过，基金属于间接投资，投资者将资金交由基金托管机构进行保管，由专业的基金经理进行投资管理，投资者只需要支付相应的管理费用即可。这其中就涉及基金投资需要支付的一些费用。

基金投资的费用主要包括下面几项。

◆ 管理费

管理费是投资者支付给基金管理人的管理报酬，其数额通常按照基金净资产值的一定比例，从基金资产中提取。基金管理费是基金管理人的主要收入来源，基金管理人的各项开支不能另外向基金或基金公司摊销，更不能另外向投资者收取。

无论基金投资是否盈利，都不会影响管理费的收取。但是不同类型的基金，其管理费的费率会有不同。

◆ 托管费

托管费是基金托管机构收取的，用于保障基金中的资金不会被挪用的费用。基金托管费的费率与基金种类、基金规模有一定关系，通常基金规模越大，基金托管费率越低。

◆ 认购费

认购费指投资者在基金发行募集期内购买基金单位时所交纳的手续费。认购费计算方法为：认购费用 = 净认购金额 × 认购费率（注：适用固定金额认购费的基金认购，认购费用 = 固定认购费金额）。认购费率通常在 1% 左右，而且随着认购金额的增大会有相应的减让。

◆ 申购费

申购费是投资者在基金成立后购买基金时所需支付的费用。申购费的计算方法为：申购费用 = 申购金额 × 适用的申购费率。

投资者申购不同基金时，可能会因为申购金额的大小而使申购费率有所不同。

◆ 赎回费

基金赎回费是指在开放式基金的存续期间，已持有基金份额的投资者向基金管理人卖出基金份额时支付的手续费。为了鼓励投资者长期持有基金，通常投资者持有基金的时间越长，赎回基金时的费率就越低。另外，不同类型基金的赎回费率也是不同的。

基金赎回遵循先进先出、后进后出原则。也就是说，如果投资者分批买入基金，那么在赎回时，会按照最早买的最先赎回的顺序，根据每笔投资的实际持有天数计算费率。

◆ 销售服务费

基金销售服务费是基金管理人从基金财产中按一定比例提取的费用，主要是用来支付销售机构的佣金、基金营销费用和基金份额持有人服务费。基金销售服务费是从基金资产中每日计提的，也就是说，投资者看到的每日收益，实际上是已经扣除了服务费的。

以上就是基金投资中通常会涉及的一些费用，除此之外，还可能涉及一些其他费用，例如分红税、指数授权费和印花税等，与基金选择或投资关系不大，这里就不做过多的介绍了。

2.3.2　与基金净值相关的术语

我们在基金投资过程中常常会看到一些关于基金净值的术语，这些术语从表面上看似乎都表示基金的净值，可以用于判断基金的涨跌情况，但实际上这些术语却有不同的市场含义。如果投资者不了解这些含义就贸然操作，可能会产生误解，使投资产生偏差。下面就来认识一下与基金净值相关的术语，如表 2-2 所示。

表 2-2　与基金净值相关的术语

术　语	含　义
基金份额	基金份额指基金发起人向投资者公开发行的，表示持有人按其所持份额对基金财产享有收益分配权、清算后剩余财产取得权和其他相关权利，并承担相应义务的凭证
基金单位净值	基金单位净值指的是每一份基金单位的净资产价值。它是通过基金的总资本额减掉总负债后剩下的余额再除以发行的全部基金的单位份额，得出的一个净值。计算公式为：基金单位净值＝总净资产÷基金份额

续表

术　语	含　义
基金单位累计净值	基金单位累计净值是基金单位净值与基金成立后历次累计单位派息金额的总和，是反映该基金自成立以来的所有收益的数据。计算公式：基金单位累计净值 = 基金单位净值 + 基金历史累计单位派息金额
基金累计净值增长率	基金累计净值增长率是指在一段时间内基金净值的增加或减少的百分比。计算公式：基金累计净值增长率 =（份额累计净值 − 单位面值）÷ 单位面值
净值估算	净值估算是指一些网站根据最近基金季报中所显示的持仓信息以及一些修正的计算方法，结合当时股市情况所计算出来的基金净值。经估算得出的基金净值只能当作理论数据参考，准确性较低

实例分析

查看各类基金净值

图 2-1 所示为鹏华酒指数 A 基金的产品信息。

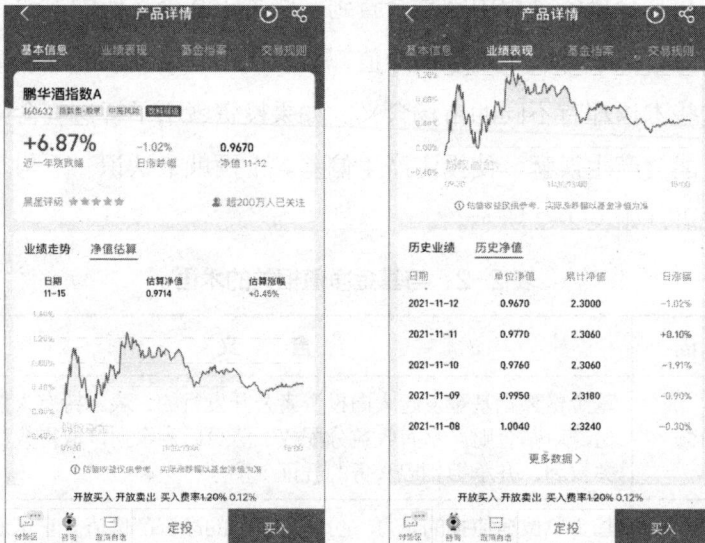

图 2-1　基金产品信息

从图中可以看到，该基金 2021 年 11 月 12 日的单位净值为 0.9670 元；11 月 12 日基金累计净值为 2.3000 元；该基金近一年的净值累计增长率为 6.87%；2021 年 11 月 15 日的净值估算为 0.9714 元。在这些数据中，与投资者投资收益息息相关的是基金单位净值，它的涨跌情况直接影响投资者的收益情况。

2.3.3　与基金收益分配类相关的术语

在基金收益分配类方面，也存在一些专业性较强的术语，投资者有必要了解并清楚这些术语的含义。

基金收益分配类术语主要包括如表 2-3 所示的一些。

表 2-3　基金收益分配类术语

术　语	含　义
基金收益	基金收益是指基金资产在运作过程中所产生的超过自身价值的部分。具体的基金收益包括基金投资所得红利、股息、债券利息、买卖证券价差、存款利息和其他收入
基金净收益	基金净收益是指基金收益减去按照国家有关规定需要在基金收益中扣除的费用后的余额
权益登记日	权益登记日是基金管理人进行红利分配时，需要定出某一天，界定哪些基金持有人可以参加分红，定出的这一天就是权益登记日
除息日	除息日是权益登记日（T 日）后的第一个工作日，即 T+1 日
红利再投资	红利再投资是指将投资者分得的收益再投资于基金，并折算成相应数量的基金单位，这实际上是将应分配的收益折为等额的新的基金单位提供给投资者

2.3.4　与基金持仓相关的术语

基金持仓指的是投资者手中持有的基金份额。在基金投资市场中，投资者与他人进行交流时，常常会用到一些持仓术语，为了能够更顺利地与他人进行投资交流，投资者有必要掌握这些术语。表2-4所示为基金投资常用的持仓术语。

表2-4　基金投资常用的持仓术语

术　　语	含　　义
建仓	投资者第一次买基金
补仓	指原有的基金净值下跌，基金被套一定的数额，这时于低位追补买进该基金以摊平成本
加仓	指建仓时买入的基金净值涨了，继续加码申购
半仓	指用一半的资金买入基金，账户上还留有一半的现金
满仓	指投资者将所有的资金都买了基金
空仓	把某只基金全部赎回，得到所有资金
重仓	买入这只基金所投入的资金占总资金的比例特别大
轻仓	买入这只基金所投入的资金占总资金的比例特别小
平仓	即买入后卖出，或卖出后买入

2.3.5　基金分红有哪些情况

分红是很多投资者都喜闻乐见的一件事，但是，基金分红与股票分红存在差异。股票分红代表上市公司拿出利润中的一部分来进行发放，是股东红利；而基金分红则代表基金公司将投资者收益的一部分，以现金的形式派发给投资者，从本质上来看，基金分红并不会使投资者的收益增加。下面以一个具体的例子来进行理解。

实例分析

基金分红的本质

投资者张先生持有 A 基金 1 000 份，基金当前的单位净值为 1.50 元。随后该基金进行了分红，每份额分红 0.50 元。分红前后张先生的资产变化如下：

分红前，张先生持有的 A 基金资产为：1.50×1 000=1 500.00（元）。

分红后，每份额分红 0.50 元，基金的单位净值变为：1.50-0.50=1.00（元）。

张先生持有的 A 基金资产为：1.00×1 000=1 000.00（元）

红利：0.50×1 000=500.00（元）

张先生的资产为：1 000.00 元 A 基金 +500.00 元的现金分红。

根据以上例子可以看到，基金分红并不意味着投资者投资收益的增加，而是对基金已实现收益的一次重新调整分配。对比，很多投资者就会产生疑问：既然基金分红并不能增加收益，那为什么还要分红？

对于该问题，投资者首先要明确，基金既然能够分红，说明它是赚钱的，有收益的，因为基金分红必须满足以下 4 个条件。

①基金当年收益弥补以前年度亏损后方可进行分配。

②基金收益分配后基金单位净值不能低于面值。

③基金投资当期出现净亏损不能进行分配。

④若成立不满 3 个月，可不进行收益分配，年度分配在基金会计年度结束后的 4 个月内完成。

而且，基金分红给了投资者重新选择的机会，如果投资者希望现金流入，落袋为安，那么就选择现金分红，可以免费赎回部分投资收益。要知道基金赎回是需要缴纳赎回费的，而基金分红是不收取赎回费的。如果投资者看好后市机会，那就选择红利再投，分红部分转化为基金份额继续投资。

从这里可以看到基金分红的两种方式：现金分红和红利再投。现金分红是指分红部分的金额将会以现金的形式归还到投资者的资金账户中；红利再投是指分红部分的金额将会转换为基金份额，继续投资。

对于这两种分红方式，投资者可以根据自己的实际情况进行选择，如果投资者急需现金，则选择现金分红。如果投资者长期看好该基金，则选择红利再投。

此外，如果投资者在购买基金时没有主动选择分红方式，那么通常情况下默认的分红方式为现金分红。想要红利再投的投资者，需要手动修改分红方式。

第3章

股票型基金怎么去选

　　股票型基金是基金市场中热门且数量众多的一类基金，不同的股票型基金有不同的投资策略和投资对象，会带来不同的投资回报，投资者需要从中选择真正有潜力的，可能会带来丰厚投资回报的股票型基金。

- 基金公司的管理能力
- 基金经理的运作水平
- 基金的历史业绩表现情况
- 从基金的投资风格选择
- 基金评级是怎么回事儿

3.1　从基金的基本情况出发查看基金质量

市场中的基金琳琅满目，如果不掌握一些必要的筛选方法，很容易陷入迷茫和混乱之中。投资者选择股票型基金，首先需要从基金本身出发，仔细了解基金的基本情况，确认基金的质量优劣。

3.1.1　基金公司的管理能力

基金是由基金公司进行管理的，从基金的募集、运作到后续的投资服务都离不开基金公司，所以基金公司管理能力水平的高低将直接影响到基金的表现。因此，投资者筛选基金还需要对基金背后的基金公司进行筛选。选择基金公司主要从如表 3-1 所示的几个方面入手。

表 3-1　基金公司的选择

项　　目	说　　明
资金的管理规模	资金管理规模的大小是一家基金公司实力的体现，资金管理规模越大，说明该基金公司越受到投资者的信赖。因此，投资者在选择时应尽量选择资金管理规模大的基金公司
公司的稳定性	一个稳定性强的基金公司能给投资者提供更强的安全感，而一家基金公司的稳定性主要体现在股东结构和基金经理队伍上。如果基金公司的股权结构合理，内部管理规范，能够保持人员稳定，那么基金公司的运行必然是平稳的
基金公司的投研能力	投研能力是基金公司的核心竞争力，如果基金公司的投研实力强，那么在同类基金中业绩必然较为突出
客户服务	选择基金公司同样也是在选择投资服务，一家优质的基金公司除了能为投资者提供优质的基金产品之外，还能为投资者提供完善的投资服务。投资服务包括基金信息披露是否及时规范、客户问题解决的专业度、是否以客户投资者的利益为核心等

项　　目	说　　明
公司管理水平	基金公司管理水平的高低会直接影响基金的表现情况，如果基金公司治理混乱，内斗严重，基金经理频繁出走，说明该基金公司管理水平较低
公司成立时间	成立时间的长短可以从侧面看出基金公司是否稳定，但并非就是说成立越久的公司就越好，只是说成立时间久的公司经历的突发事件更多，更能反映出基金公司应对突发事件的能力，而成立时间较短的基金公司无法了解其应对突发事件的能力

综上所述，客观的定性分析在基金公司的筛选中非常重要，能够快速帮投资者选择实力强劲、运作平稳、服务优质的，且没有后顾之忧的基金公司。

3.1.2　基金经理的运作水平

一只基金业绩的高低与基金经理的运作直接相关，尤其是主动性较强的股票型基金，即便历史业绩表现再优秀的基金，如果更换了基金经理，未来业绩也不一定能得到延续。因此，筛选基金时我们不得不着重对基金经理进行筛选。

选择基金经理主要从以下几个方面入手。

◆　基金经理的学历

学历虽然不能完全体现出一个人的实力，但是在基金投资这类金融行业中，需要操盘者具备大量的、丰富的专业技能和知识储备，而学历的高低能够在很大程度上体现出操盘者的知识储备情况。所以投资者选择基金经理时要尽量选择高学历的、金融名校毕业的基金经理。

◆　基金经理的从业年限

从业年限很容易理解，基金经理从业的时间越长，投资经验也就越丰富，也更能从容地应对市场中的各类突发情况。尤其是一些从业时间 5 年以上的基金经理，这类基金经理通常经历过一轮牛熊市场，对不同市场中的操盘也更有心得。所以，在筛选基金经理时应该尽量选择从业时间更长一些的基金经理。

◆ 基金经理管理的基金数量

一个人的精力是有限的，如果一个基金经理管理的基金数量过多，精力也就越分散，就可能存在管理不过来的情况。显然，这是不利于基金业绩发展的，尤其是主动性较强的、需要基金经理精心管理的股票型基金。一般来说，一个基金经理管理的股票型基金数量最好不要超过 5 只。

◆ 基金经理的过往业绩

基金经理的过往业绩是其能力的展示，也是投资者选择、判断和评价基金经理管理水平的重要参考依据，我们有理由相信过往业绩表现稳定且出色的基金经理，在未来的表现也不会太差。因此，在筛选基金经理时可以从过往业绩来进行筛选，选择过往业绩表现优秀的基金经理。

经过这样一系列的筛选之后，选择的通常都是比较优秀的基金经理了。

3.1.3　基金的历史业绩表现情况

虽然说基金的历史业绩高，并不能说明这只基金未来一定能够有较好的收益，但是如果这只基金的历史业绩表现优异，说明该基金过去的管理水平较高。

那么，应该怎么来看股票型基金的历史业绩呢？具体如下。

①连续长时间内年化收益率达到 15% 以上。如果一只股票型基金能够连续三五年或七八年以上有 15% 及以上的年化收益率，就说明该基金的历史业绩表现非常优异。

②看它的收益是否远超同类平均和沪深 300 指数。一只优秀的股票型基金，应该每年都会超越同类平均和指数收益，甚至各阶段都大幅跑赢。当然，短时间内，好基金也有可能出现跑输同类平均和指数的情况，但是只要拉长周期，它们都超越同类平均和大盘指数，就说明它的历史业绩表现优异。

我们应该如何来查询基金的历史业绩呢？如今，各大基金平台都能简单便捷地查询基金的历史业绩。下面我们以天天基金网为例，查询前海开源公用事业股票基金的历史业绩。

实例分析

查询前海开源公用事业股票基金（005669）的历史业绩

进入天天基金官网，在基金名称搜索框中输入基金代码或基金名称，这里输入"005669"，选择下方的"前海开源公用事业股票"基金选项，如图 3-1 所示。

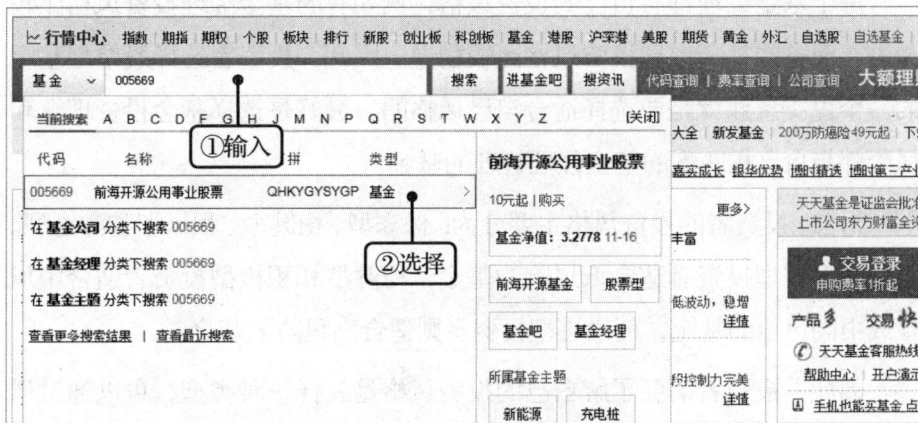

图 3-1 搜索目标基金

进入基金详情页面，向下滑动页面至"累计收益率走势"版块，选择不同的时间段，查看该基金的历史累计收益率走势，并与同类平均和沪深 300 指数的走势对比，如图 3-2 所示。

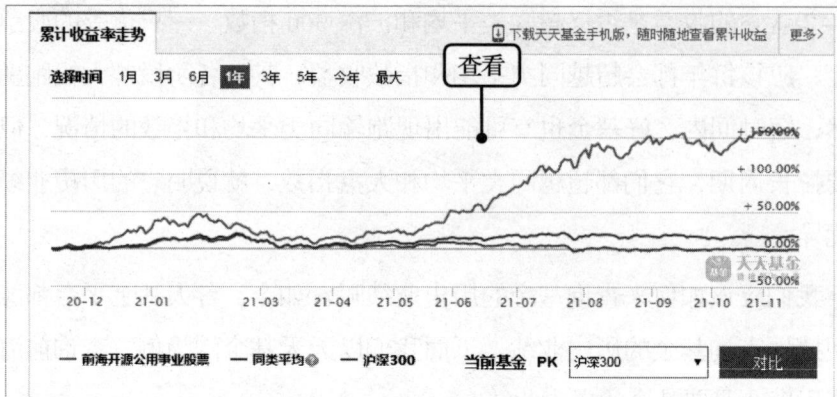

图 3-2　基金历史业绩的走势对比

投资者拖动鼠标，切换时间，就能查看到该基金不同时间段的历史收益走势了。

3.1.4　从基金的投资风格选择

每个基金经理都有自己的投资风格，例如有的基金经理投资风格比较激进，而有的基金经理投资风格比较稳健。因此，投资者选择股票型基金的一个先决条件就是要选择适合自己风格的，最好是选择基金投资理念和风险都与自己相匹配的基金经理管理的基金。

目前，投资者的投资风格主要分为：保守型、稳健型、积极型和激进型。其中，保守型投资者适合低风险的基金，稳健型和积极型投资者适合中风险或中高风险的基金，而激进型投资者则适合高风险的基金。

因此，投资者需要了解自己的投资风格是怎样一种类型，可以通过风险承受能力测试来了解自己的投资风格。市面上有很多风险承受能力测试题，虽然测试题的具体内容可能存在差异，但是方向却大致相同，通常会对投资者的年龄、收入情况、家庭情况以及投资经验等进行测试，投资者在测试后即可对自己的风险承受能力有一个判断。下面通过一个具体的例子进行介绍。

实例分析

风险承受能力测试

请仔细阅读下面的 12 个题目，选出每个题目中最适合您的选项。

1. 您目前所处的年龄阶段：（　　）

A. 18 ～ 28 岁 　　　　　　B. 28 ～ 35 岁

C. 36 ～ 45 岁 　　　　　　D. 46 ～ 55 岁

E. 56 岁以上

2. 到目前为止，您已经有多少年投资经验：（　　）

A. 10 年以上 　　　　　　B. 6 ～ 10 年

C. 3 ～ 6 年 　　　　　　D. 1 ～ 3 年

E. 少于 1 年

3. 您预期的投资期限是：（　　）

A. 10 年以上 　　　　　　B. 6 ～ 10 年

C. 3 ～ 6 年 　　　　　　D. 1 ～ 3 年

E. 少于 1 年

4. 您的家庭目前全年收入状况如何？（　　）

A. 50 万元以上 　　　　　　B. 30 万元～ 50 万元

C. 15 万元～ 30 万元 　　　　D. 5 万元～ 15 万元

E. 5 万元以下

5. 一般情况下，在您的家庭年收入中，可用作投资或储蓄的占比？
（　　）

A. 50% 以上 　　　　　　B. 35% ～ 50%

C. 25% ～ 35% 　　　　　　D. 10% ～ 25%

E. 0 ～ 10%

6. 您投资的主要目的是什么？请在以下答案中选择最符合的一个描述：（　　）

A. 关心长期的高回报，能够接受短期的资产价值波动

B. 倾向长期的成长，较少关心短期的回报以及波动

C. 希望投资能获得一定的增值，同时获得波动适度的年回报

D. 只想确保资产的安全性，同时希望能够得到固定的收益

E. 希望利用投资以及投资所获得的收益在短期内用于大额的购买计划

7. 以下哪项描述最符合您对某项投资在未来一年内表现所持的态度？（　　）

A. 如果发生亏损，我并不在乎　　　B. 我能承受 25% 以内的亏损

C. 我只能承受 10% 以内的亏损　　D. 我几乎不能承受任何亏损

E. 我需要至少获得高于一年定期存款利率的收益

8. 以 3 年的投资期限来说，如果与股票市场整体的表现相比，您希望您的投资：（　　）

A. 超越股市整体增长的 30% 以上　B. 超过股市整体增长 10% ～ 30%

C. 与股市保持同步增长　　　　　　D. 略微滞后股市整体的增长

E. 无所谓

9. 目前有一个 200.00 万元的投资项目，但有 50% 的可能盈利 100.00 万元，同样也有 50% 的可能损失 50.00 万元。您会进行这个投资吗？（　　）

A. 当然会　　　　　　　　　　　B. 可能会

C. 也许吧　　　　　　　　　　　D. 可能不

E. 无所谓

10. 如果您拥有 500 000.00 元用以建立您的投资组合，您认为下面哪个投资组合最具吸引力？（　　）

A. 低风险投资（如存款、国债、货币市场基金），一般风险投资（如

银行理财产品、债券、债券基金），较高和高风险投资（股票基金、信托、股票、期货及外汇交易等）的比重为 5∶15∶80

B. 低风险投资、一般风险投资、高风险投资的比重为 10∶30∶60

C. 低风险投资、一般风险投资、高风险投资的比重为 30∶40∶30

D. 低风险投资、一般风险投资、高风险投资的比重为 60∶30∶10

E. 低风险投资、一般风险投资、高风险投资的比重为 80∶15∶5

11. 根据您以往投资的经验，当有相当部分资金被分配到高风险的股票或风险较高的其他投资项目时，您通常：（　　）

A. 比较放心，很少关注　　　　　B. 关注，但不焦虑

C. 比较关注，有点焦虑　　　　　D. 非常关注，比较焦虑

E. 极度关注，非常焦虑

12. 假设现有以下几个投资品种，您必须并且只能选择其中的一个进行投资，您会选择哪一个？（　　）

A. 年化收益率可能在 30% 以上，同时本金也有可能亏损 30% 以上

B. 年化收益率可能在 20% 以内，同时本金也有可能亏损 20% 以内

C. 年化收益率可能在 10% 以内，同时本金也有可能亏损 10% 以内

D. 本金保证，年化收益率在 0 ～ 8%

E. 固定年化收益率为 4% 的产品

投资者完成题目之后提交，会立即收到一份风险承受能力测试结果，在该结果中会说明测试得分，以及风险类型和风险承受能力，并推荐适合的投资产品，如下所示为某投资者的风险测试结果。

您当前的测试得分是 14 分，是一位稳健型的投资者。

从总体投资来看，在风险较小的情况下获得一定的收益是您主要的投资目的。您通常愿意使本金面临一定的风险，但在做投资决定时，对风险总是客观存在的道理有清楚的认识，会仔细地对将要面临的风险进行认真的分析。总体来看，愿意承受市场的平均风险。

您的风险承受能力：中。

您的获利期待：中等收益。

资产配置建议：货币类资产 25% ～ 50%，债券类资产 25% ～ 65%，股票类资产 10% ～ 25%。

主要的资产种类说明如下。

货币类资产：储蓄、货币型基金、短期固定收益类理财产品等。

债券类资产：国债、企业债、中长期固定收益类理财产品、偏债型基金等。

股票类资产：股票、权证、偏股型基金等。

投资者在了解了自己的风险承受能力和适合的投资产品之后，就可以对目标基金进行筛选了。找到目标基金，进入详情页面，仔细查看基金的投资策略，看它与自己的匹配程度，再判断它是否适合自己投资。

3.2　利用基金评级选择更稳健的基金

对于基金评级，相信很多基金投资者并不陌生，它是很多投资者筛选基金时的重要工具，能够帮助投资者快速筛选出优质基金。

3.2.1　基金评级是怎么回事儿

基金评级是指由基金评级机构收集有关信息，通过科学定性定量分析，依据一定的标准，对投资者投资于某一种基金后所需要承担的风险，以及能够获得的回报进行预期，并根据收益和风险的预期对基金进行排序。简单来说，就是基金评级机构对基金进行评价，并做出星级判断，星数越多，说明市场上对这只基金的评价就越高。

排序的方法主要包括以下 3 类。

①按照收益高低对基金进行排序。

②按照风险大小对基金进行排序。

③按照风险调整后收益进行排序。

但是，无论哪种排序方法，它都是基于基金的历史数据进行统计评价的，并不能代表基金未来的表现。从投资者的角度来看，通过客观、中立、全面、专业的基金评级，能够帮助自己剔除一系列质量较差的劣质基金。

市面上的基金评级机构有很多，例如晨星基金、银河证券、上海证券以及海通证券等。每个基金评级机构都有自己的基金评级标准，所以可能存在不同机构对同一只基金评级存在差异的现象，一般差异在一个星级以内都属于正常现象。

基金评级的步骤比较简单，通常包括下面 4 个步骤。

首先，对基金进行分类。 因为不同类型的基金其风险与收益是不同的，将不同类型的基金一起进行评价是不科学、不客观的，所以为了评级的公正性，需要根据基金的投资范围对基金分类。

其次，衡量基金的收益情况。 根据基金的历史业绩对基金进行排序，基金的业绩表现情况在基金评价中占比较大。

再次，计算基金的风险调整后收益。 除了考虑基金的收益，还需要考虑基金风险，例如波动率。通过对基金风险的评价来对基金的收益率进行调整。

最后，星级等级划分。 将基金按照定性定量的标准进行排序之后，再按照 5 个星级给基金划分等级。以晨星评级为例，排名前 10% 的基金评为 5 星级，接下来 22.5% 的基金评为 4 星级，再接下来 35% 的基金评为 3 星级，接着 22.5% 的基金评为 2 星级，最后 10% 的基金评为 1 星级。

因为每个等级的比例是固定的，所以可能会存在两个基金的差距非常小，但是一个被评为 5 星级，一个被评为 4 星级的情况。

3.2.2　利用晨星评级选择基金

晨星网是国际权威的基金评级机构，主要为投资者提供专业的财经资讯、基金以及股票分析和评级，是目前很受投资者青睐的一个基金评级机构。投资者利用晨星基金网筛选基金也非常简单，具体操作方法如下。

实例分析

晨星基金网筛选基金

打开晨星基金网，进入主页面，单击"基金工具／基金筛选器"超链接，如图 3-3 所示。

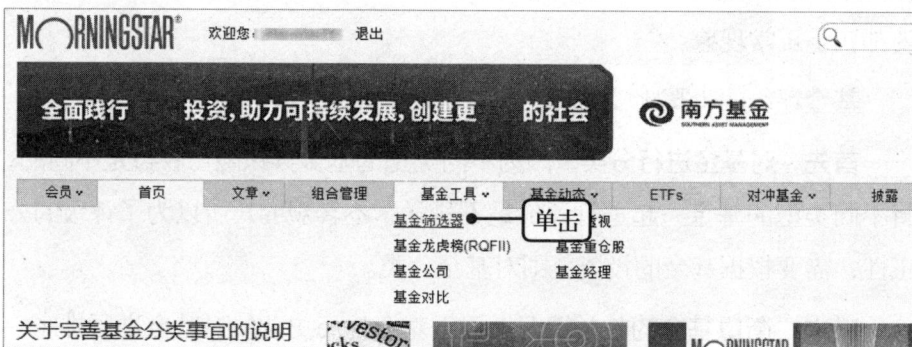

图 3-3　单击"基金工具／基金筛选器"超链接

进入基金筛选页面，根据页面提示设置筛选条件，再单击"查询"按钮，如图 3-4 所示。

图 3-4　设置筛选条件

页面下方会根据用户设置的筛选条件排列出符合条件的基金列表，如图 3-5 所示。

	代码	基金名称	基金分类	查看	▼晨星评级(三年)	晨星评级(五年)	净值日期	单位净值(元)
1	000828	泰达宏利转型机遇股票A	大盘成长股票		★★★★★	★★★★★	2021-11-17	3.9250
2	001245	工银生态环境股票	大盘成长股票		★★★★★	★★★★☆	2021-11-17	2.9380
3	001643	汇丰晋信智造先锋股票A	中盘成长股票		★★★★★	★★★★★	2021-11-17	4.2142
4	001644	汇丰晋信智造先锋股票C	中盘成长股票		★★★★★	★★★★☆	2021-11-17	4.0909
5	540008	汇丰晋信低碳先锋股票A	中盘成长股票		★★★★★	★★★☆☆	2021-11-17	4.4681
6	001476	中银智能制造股票A	大盘成长股票		★★★★★	★★★★☆	2021-11-17	2.3630
7	090018	大成新锐产业混合	积极配置 - 中小盘		★★★★★	★★★★★	2021-11-17	6.3600
8	001410	信达澳银新能源产业股票	中盘成长股票		★★★★★	★★★★★	2021-11-17	5.4430
9	001300	大成睿景灵活配置混合A	积极配置 - 中小盘		★★★★★	★★★★★	2021-11-17	2.4830
10	001301	大成睿景灵活配置混合C	积极配置 - 中小盘		★★★★★	★★★★★	2021-11-17	2.3550
11	000409	鹏华环保产业股票	大盘成长股票		★★★★★	★★★★★	2021-11-17	6.0080
12	002168	嘉实智能汽车股票	中盘成长股票		★★★★★	★★★★★	2021-11-17	4.5950
13	000592	建信改革红利股票	大盘成长股票		★★★★★	★★★★★	2021-11-17	6.7200

图 3-5　查看筛选出的基金列表

根据列表可以看到符合条件的基金评级情况，投资者可以从中进一步筛选出优质的基金产品。

3.2.3　选基金时评级和排名谁更重要

基金评级和基金排名是两种简单的基金筛选工具，但是筛选时应该依靠基金评级？还是依靠基金排名呢？有的人认为应该根据基金评级进行筛选，理由是基金评级是经过专业的机构综合评价而来，自然更值得信赖。但是也有人认为基金投资当然要更看重收益排名，收益排名靠前的基金，才能为我们带来高收益回报。这里就来比较一下两种工具。

（1）基金排名

基金排名就是将某一段时间内基金的历史收益由高到低进行排序，从而生成基金收益排名列表。

选择的时间期限不同，基金的排名就可能出现变化。从基金收益排名的角度来看，长期排行榜的价值要高于短期排行榜，因为长期业绩表现优异的基金，其业绩表现稳定，更容易从中选到优质基金。而短期排行榜受偶然性因素影响较大，可能受到政策、市场或其他因素的影响，出现短时间内的急涨，这并不能说明基金优质。

短期排行榜更适合短线操作的投资者，通过短期排行榜可以快速找寻到处于市场风口中的基金，如果市场风格能够延续，投资者就能获得较大的收益回报。

基金排名是目前各大基金销售平台主要运用的一种基金排序方式，以天天基金网为例，进入"天天基金／基金排行"页面即可查看根据近6个月以来收益高低排名的基金列表，如图3-6所示。

比较	序号	基金代码	基金简称	日期	单位净值	累计净值	日增长率	近1周	近1月	近3月	近6月	近1年	近2年	近3年	今年来	成立来
☐	1	000689	前海开源新经	11-17	3.5273	3.6373	2.83%	0.55%	13.68%	18.88%	110.33%	165.81%	253.79%	288.04%	108.96%	287.65%
☐	2	005669	前海开源公用	11-17	3.3562	3.3562	2.39%	-0.44%	6.60%	15.16%	103.74%	162.88%	225.02%	249.17%	102.01%	235.62%
☐	3	004390	平安策略创新	11-17	3.7550	3.8450	2.82%	2.62%	13.41%	22.64%	80.94%	97.79%	220.56%	352.25%	75.54%	308.83%
☐	4	700003	平安转型先锋	11-17	6.5850	6.6850	2.71%	2.43%	13.09%	21.94%	80.26%	99.48%	220.28%	377.17%	76.40%	620.51%
☐	5	004391	平安转型创新	11-17	3.6535	3.7385	2.82%	2.61%	13.33%	22.40%	80.22%	96.23%	215.45%	344.90%	74.32%	296.05%
☐	6	398021	中海能源策略	11-17	1.7893	2.0993	3.88%	-0.23%	10.96%	22.57%	78.43%	109.72%	176.25%	214.52%	79.99%	161.34%
☐	7	001245	工银生态环境	11-17	2.9380	2.9380	4.63%	-1.24%	6.45%	15.31%	75.93%	105.31%	279.59%	415.44%	64.23%	193.80%
☐	8	010135	泰达高研发6	11-17	1.5567	1.5567	3.26%	-1.21%	14.68%	17.85%	75.70%	61.80%	---	---	63.31%	55.67%
☐	9	010138	泰达高研发6	11-17	1.5515	1.5515	3.27%	-1.21%	14.65%	17.76%	75.45%	61.33%	---	---	62.89%	55.15%
☐	10	001933	华商新兴活力	11-17	3.0150	3.0150	3.11%	1.79%	12.08%	21.38%	74.78%	103.44%	209.87%	248.96%	71.99%	201.50%
☐	11	001822	华商智能生活	11-17	3.1630	3.1630	3.20%	1.97%	13.00%	23.84%	73.70%	104.86%	218.85%	301.40%	72.28%	216.30%
☐	12	002190	农银新能源主	11-17	4.5672	4.5672	1.21%	-2.49%	3.04%	17.30%	73.05%	107.91%	404.89%	455.62%	63.76%	356.72%
☐	13	000828	泰达转型机遇	11-17	3.9250	4.1450	3.43%	-1.03%	14.13%	15.07%	72.07%	121.00%	273.45%	460.71%	73.98%	371.65%

图3-6　基金排行

注意这里的基金排行并没有对基金类型进行区分，是所有基金的排名，因此并不精确，要查看股票型基金排名应该单击"股票型"基金选项卡。

另外，系统一般默认的是近6个月的收益排行，用户可以根据自己的实际需要自行选择时间期限，例如近1年、近2年和近3年等。

（2）基金评级

基金排名仅仅以基金的收益进行排序，但是同样收益的基金其可能承担的风险是不同的，在同等收益的情况下，投资者自然更倾向于选择风险更低的基金。

与基金排名不同的是，基金评级会计算基金的风险调整后收益，对风险更低、表现更稳健的基金给予更高的星级，这就是基金评级的价值了。

可以看到，不论是基金排名还是基金评级，都是基于过去业绩和数据进行的分析，但是过去业绩并不代表未来的业绩。两种方式并不存在孰优孰劣的说法，投资者可以选择一种适合自己的方式来进行基金筛选，甚至可以两者结合使用，剔除一些业绩表现较差的、不稳定的基金。

3.3　从风险的角度筛选安全性更高的基金

股票型基金是所有基金类型中投资风险最高的一类基金，想要从中筛选出风险相对更低、业绩表现更稳定的优质基金，还需要从风险的角度来进行筛选。

3.3.1　贝塔系数查看基金的波动情况

贝塔系数（β 系数）是一种风险指数，主要用来衡量个别股票或股票基金相对于整个股市的价格波动情况。简单来说，贝塔系数体现的是基金相对于整个市场的波动情况，即基金相对于大盘的偏离程度。

贝塔系数是一个相对指标，β 值越高，说明波动越大，基金的风险也就越大。下面以一个例子来进行说明。

某只基金的贝塔系数如果为 1.5，说明当上证综指上涨 10% 时，该基金则上涨 15%。同样的，当上证综指下跌 10% 时，该基金则下跌 15%。

因此，当贝塔系数大于 1 时，说明基金波动相对大盘更大，该只基金的风险也更大；当贝塔系数小于 1 时，说明基金波动相对大盘更小，该只基金的风险也更小。

很多的基金平台都可以查看贝塔系数，例如晨星网，可在基金详情页面"风险统计"版块中查看。如图 3-7 所示为工银生态环境股票 A（001245）基金的贝塔系数。

➡ 风险统计		2021-10-31
	相对于基准指数	相对于同类平均
阿尔法系数（%）	44.52	24.45
贝塔系数	0.68	1.10
R 平方	23.95	50.94

图 3-7　查看基金的贝塔系数

从图中可以看到，该基金的贝塔系数为 0.68，小于 1，且远低于同类基金 1.1 的平均值，所以从贝塔系数的角度来看，该基金波动相对大盘更小，风险也更低。

3.3.2　最大回撤率看基金抗风险能力强弱

最大回撤率是指在选定周期内任一历史时点往后推，基金净值走到最低点时的收益率回撤幅度的最大值。最大回撤用来描述买入基金后可能出现的最大亏损幅度，是一个重要的风险指标。

投资者可以利用最大回撤率这个指标来判断该基金的风险是否超出了自己的心理承受能力。

实例分析

计算基金的最大回撤率

某投资者花费了 1 000.00 元购买某只基金，随后这只基金最高上涨至

1 700.00 元，然后止涨下跌，最低跌至 700.00 元，那么基金从 1 700.00 元下跌到 700.00 元就是这只基金可能出现的最大亏损。该基金的最大回撤率计算如下。

（700.00−1 700.00）÷1 700.00=−58.82%

最大回撤率越大，则回本的难度就越大。因此，投资者在选择基金时应该尽量选择最大回撤率小的基金，最大回撤率越小，说明承担的风险也越小。

最大回撤率的查看方式有很多，投资者可以进入对应基金公司的官网，找到目标基金的信息页面，在基金的历史净值中可以查看到历史最大回撤率。另外，在一些基金交易软件中的基金信息页面也可以查看到，如图 3-8 所示为且慢 App 的基金页面，在基金详情页面可以看到基金的最大回撤率。

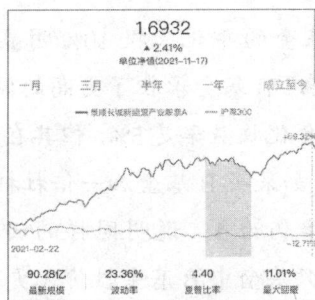

图 3-8　查看最大回撤率

3.3.3　夏普比率衡量投资性价比高低

夏普比率是衡量基金风险调整后收益的指标之一，它反映了基金承担单位风险所获得的超额回报率。夏普比率计算公式如下：

夏普比率 =（预期收益率 − 无风险利率）÷ 投资组合标准差

其中，无风险收益率指不存在违约风险的收益率，例如国债的收益率、货币基金的收益率等。

根据公式我们可以这么理解，即夏普比率就是衡量每承担一个单位风险的情况下，所获得超越无风险收益率的超额回报是多少。夏普比率越高，则说明在承担一定风险的情况下，获得的超额回报越高。反之，如果夏普比率很小甚至为负，说明承担一定的风险所获得的超额回报很小，或者是没有超额回报。下面以一个具体的例子来进行说明。

实例分析

比较分析两只基金的性价比

有两只基金 A 和 B，A 基金的历史年化回报为 10%，夏普比率为 0.5，而 B 基金的历史年化回报为 5%，夏普比率为 1。那么，A 和 B 两只基金哪只性价比更高呢？

从表面上来看，A 基金的年化回报 10% 明显高于 B 基金 5% 的年化回报，但实际上，A 基金比 B 基金承担了更高的风险，且并没有获得相应的超额回报。B 基金虽然年化收益率是 5%，但其在承担相同风险的情况下，获得了更高的超额回报。如果买 B 基金加一倍杠杆，那么 B 基金的回报就变成了 10%，而夏普比率仍为 1，说明同样的回报，其风险是远小于 A 基金的。所以，A、B 两只基金中 B 基金性价比更高，也更划算。

夏普比率查看非常简单，很多基金平台都提供了这一数据，例如天天基金网、和讯基金网以及晨星网等。但需要注意的是，尽管夏普比率公式是固定的，但各个网站的数据可能并不一致，由于各个网站都没有具体说明是怎么计算得出的数据，所以对比数据的时候不要将不同网站的数据直接做比较。

夏普比率这一数据仍然是通过历史数据计算得来的，虽然具有一定的参考性，但并不能代表基金未来的表现情况，所以投资者需要理性看待。

3.3.4　标准差衡量基金波动稳定程度

标准差是衡量基金波动稳定程度的工具，它指的是在过去一段时间内，基金每个月的收益率相对于平均月收益率的偏差幅度大小。基金的收益波动幅度越大，那么它的标准差也越大，风险也就越大；相反，标准差越小，则说明收益率波动幅度越小，收益更稳定，风险也就越小。

例如，某只基金一年期标准差为 20%，则说明该基金的净值在一年内可能上涨 20%，同样也可能下跌 20%。所以在两只收益率相同的基金中，投资者应该选择标准差更小的基金。

但是，如果两只基金 A 和 B，A 基金的一年期标准差为 20%，收益率为 30%，而 B 基金的一年期标准差为 10%，收益率为 18%。单纯地从数据的角度来看，A 基金收益明显高于 B 基金，同时风险也高于 B 基金。此时，利用"每单位风险收益率"的概念，分别计算 A 基金和 B 基金每单位风险收益率。

A 基金的每单位风险收益率为 1.5（0.3÷0.2），B 基金的每单位风险收益率为 1.8（0.18÷0.10）。根据计算结果可以看到，经过标准差及风险因素调整后，B 基金反而更为优质。

在使用标准差时需要注意，单只基金本身的标准差无法显示其风险的大小水平，标准差的评价需要与同类基金进行比较。

3.4　分析基金的各项信息再做投资决定

基金在发行、运作的过程中会公布一系列相关信息，例如基金招募说明书、基金年报以及基金财务报表等。但很多投资者往往选择忽视这些信息，一是因为内容较多，难以看完；二是因为不知道如何下手。其实，这些信息中隐藏着重要的基金信息，可以为我们的投资提供可靠的情报。

3.4.1 审阅基金招募说明书

基金招募说明书是基金发起人向投资者提供的经证券监管部门认可的法律文件。基金招募说明书是基金的基本文件，一只基金从设立募集资金到管理、运营、申购赎回等，都需要严格遵照基金招募说明书中的条款执行，所以基金招募说明书涵盖了关于基金的各类详细信息，仔细审阅基金招募说明书可以帮助投资者了解目标基金是否适合自己。

一般来说，基金招募说明书包括绪言、释义、基金管理人和基金申购、赎回等内容，因为内容较多，所以往往一份完整的基金招募说明书长达几十页，这也给想看招募说明书的投资者带来了难度。

但实际上，作为一名普通的投资者，并不需要将基金招募说明书中的所有内容全部看完，只需要挑选重要的部分进行查看即可。对于普通投资者来说，重点关注的内容主要包括以下几点。

①基金的相关收费方式，即申购费、赎回费、管理费和托管费各是多少。基金的各项收费情况直接关系到基金的投资成本，所以投资者有必要在投资之前对其进行了解。通常，基金招募说明书中会详细列举基金的各类费用以及扣费方式等。

②基金的投资目标、投资理念、投资范围和投资策略是否符合自己的投资风格。在基金招募说明书的"基金的投资"版块中会对该基金的投资目标、投资方向、投资理念以及投资策略进行介绍。通过"投资目标"可以了解基金产品的投资目标是否和自己的要求相匹配。"投资范围"确定了基金在不同类型资产中的配置比重，这和基金投资风险是直接相关的。"投资理念"虽然是一种抽象的阐述，基金的实际运作甚至有可能偏离其理念，但对于投资者来说仍是一个学习和思考的机会，建议选择和自己理

念相符的基金管理人。"投资策略"描述了基金资产配置的思路和方法，在不同的市场环境中，不同的策略可能会取得截然不同的效果。

③基金的业绩比较基准以及风险特征等。了解基金的业绩比较基准其实也就能明白购买的基金究竟要实现怎样的投资目标。风险收益特征则是基金管理人对于产品投资风险的总结。对于一个理性投资者来说，重要的是明确自己所能承受的风险，相应制订合理的收益预期。

知道了如何查看基金招募说明书之后，投资者需要找到基金招募说明书。基金招募说明书作为一个公开性文件在很多的平台都能查看到，例如基金官网、第三方基金销售平台以及证券公司等，这里以巨潮资讯为例做介绍。

实例分析

查看基金招募说明书

打开巨潮资讯网，在首页搜索文本框中输入目标基金代码或基金名称，再输入基金招募书，单击搜索按钮，如图 3-9 所示。

图 3-9　搜索基金招募说明书

搜索结果按照相关度进行排序，投资者可以从搜索结果列表中找到所需的基金招募说明书，当然还可以按照时间顺序排序，查看最新更新的基金招募说明书，如图 3-10 所示。

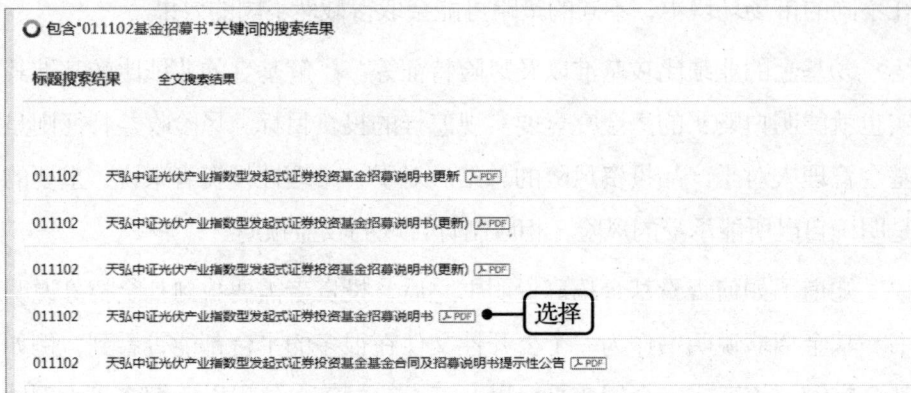

图 3-10　选择基金招募说明书

综上所述，基金招募说明书是投资人了解基金最基本也是最重要的文件之一，更是投资前必读的重要文件，应该引起投资者重视。

3.4.2　审阅基金年报

基金年报是反映基金全年运作和业绩情况的报告。除了年报之外，通常基金公司还会定期发布基金的半年报和季报，但在这些报告中最为重要的是年报，它是我们全方位检视一只基金是否优质的最直接、最真实，也是最容易获得的工具。从基金年报中，投资者可以快速查询到有关基金的各类详细信息。

基金报告涵盖的内容也非常丰富，页数非常多，尤其是基金年报更是长达几十页，投资者如果想要把这些内容全部看完，显然是一件十分困难的事情。

实际上，基金报告的内容虽多，但并不是每部分内容都需要仔细查看，投资者只需要查看重点部分的内容即可。

因为基金年报有统一的模板，所以每一份基金年报的内容是固定的，

图 3-11 所示为信达澳银先进智造股票型证券投资基金（006257）2020 年基金年报目录。

信达澳银先进智造股票型证券投资基金 2020 年年度报告

1.2 目录

§1 重要提示及目录 2
1.1 重要提示 2
1.2 目录 3
§2 基金简介 5
2.1 基金基本情况 5
2.2 基金产品说明 5
2.3 基金管理人和基金托管人 6
2.4 信息披露方式 6
2.5 其他相关资料 6
§3 主要财务指标、基金净值表现及利润分配情况 7
3.1 主要会计数据和财务指标 7
3.2 基金净值表现 7
3.3 过去三年基金的利润分配情况 10
§4 管理人报告 10
4.1 基金管理人及基金经理情况 10
4.2 管理人对报告期内本基金运作遵规守信情况的说明 13
4.3 管理人对报告期内公平交易情况的专项说明 13
4.4 管理人对报告期内基金的投资策略和业绩表现的说明 14
4.5 管理人对宏观经济、证券市场及行业走势的简要展望 14
4.6 管理人内部有关本基金的监察稽核工作情况 15
4.7 管理人对报告期内基金估值程序等事项的说明 15
4.8 管理人对报告期内基金利润分配情况的说明 16
4.9 报告期内管理人对本基金持有人数或基金资产净值预警情形的说明 16
§5 托管人报告 16
5.1 报告期内本基金托管人遵规守信情况声明 16
5.2 托管人对报告期内本基金投资运作遵规守信、净值计算、利润分配等情况的说明 16
5.3 托管人对本年度报告中财务信息等内容的真实、准确和完整发表意见 16
§6 审计报告 16
§7 年度财务报表 20
7.1 资产负债表 20
7.2 利润表 21
7.3 所有者权益（基金净值）变动表 23
7.4 报表附注 25
§8 投资组合报告 53
8.1 期末基金资产组合情况 54
8.2 报告期末按行业分类的股票投资组合 54
8.3 期末按公允价值占基金资产净值比例大小排序的所有股票投资明细 55
8.4 报告期内股票投资组合的重大变动 67
8.5 期末按债券品种分类的债券投资组合 81
8.6 期末按公允价值占基金资产净值比例大小排序的前五名债券投资明细 81
8.7 期末按公允价值占基金资产净值比例大小排序的所有资产支持证券投资明细 82
8.8 报告期末按公允价值占基金资产净值比例大小排序的前五名贵金属投资明细 82
8.9 期末按公允价值占基金资产净值比例大小排序的前五名权证投资明细 82
8.10 报告期末本基金投资的股指期货交易情况说明 82
8.11 报告期末本基金投资的国债期货交易情况说明 82
8.12 投资组合报告附注 82
§9 基金份额持有人信息 83
9.1 期末基金份额持有人户数及持有人结构 83
9.2 期末基金管理人的从业人员持有本基金的情况 84
9.3 期末基金管理人的从业人员持有本开放式基金份额总量区间情况 84
§10 开放式基金份额变动 84
§11 重大事件揭示 84
11.1 基金份额持有人大会决议 84
11.2 基金管理人、基金托管人的专门基金托管部门的重大人事变动 85
11.3 涉及基金管理人、基金财产、基金托管业务的诉讼 85
11.4 基金投资策略的改变 85
11.5 为基金进行审计的会计师事务所情况 85
11.6 管理人、托管人及其高级管理人员受稽查或处罚等情况 85
11.7 基金租用证券公司交易单元的有关情况 86
11.8 其他重大事件 91
§12 影响投资者决策的其他重要信息 93
12.1 报告期内单一投资者持有基金份额比例达到或超过 20%的情况 93
12.2 影响投资者决策的其他重要信息 94
§13 备查文件目录 94
13.1 备查文件目录 94
13.2 存放地点 94
13.3 查阅方式 94

图 3-11 基金年报目录

从这份基金年报目录可以看到，基金年报内容较多，有 90 多页，但是值得我们关注的内容主要有 5 点，分别是基金的历史业绩、基金经理简介、基金经理的观点、基金的持仓以及基金持有人信息。

（1）基金的历史业绩

查看基金的历史业绩，即查看这只基金的过去表现情况是否优秀。在这部分内容中，可以查看到该基金过去 3 个月、6 个月、1 年、3 年、5 年及成立至今的收益率情况。

其中，份额净值增长率标准差反映的是基金净值波动情况，标准差越低，说明该基金的波动越小，表现就越稳定。反之，则说明该基金波动较大，不稳定。

　　而业绩比较基准收益率标准差则是基金收益率和它的业绩比较基准的对比，这个值越大，说明该基金的表现大幅超越市场，也说明了该基金的业绩表现比较优秀。图 3-12 所示为信达澳银先进智造股票型基金年报中列示的基金净值表现。

3.2 基金净值表现
3.2.1 基金份额净值增长率及其与同期业绩比较基准收益率的比较

阶段	份额净值增长率①	份额净值增长率标准差②	业绩比较基准收益率③	业绩比较基准收益率标准差④	①-③	②-④
过去三个月	10.22%	1.51%	10.89%	0.73%	-0.67%	0.78%
过去六个月	17.74%	1.82%	17.40%	0.97%	0.34%	0.85%
过去一年	62.02%	2.02%	18.24%	1.09%	43.78%	0.93%
自基金合同生效起至今	126.24%	1.86%	43.52%	0.99%	82.72%	0.87%

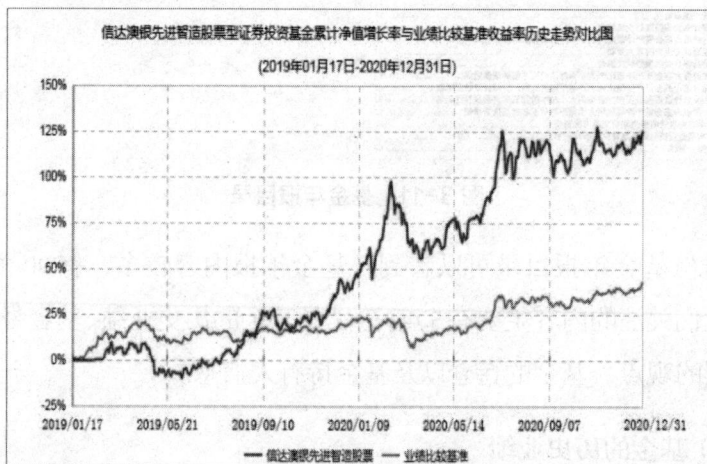

图 3-12　基金净值表现

　　根据上述内容可以看到，信达澳银先进智造股票型基金 2020 年一年的业绩表现整体来说比较稳定，且基金业绩收益率大幅超越业绩比较基准，说明该基金的业绩表现比较优秀。

（2）基金经理简介

基金经理简介自然是对基金经理个人情况的详细介绍，从这一部分内容可以判断基金经理是否具有丰富的投资经验。说到底，股票型基金投资更多的是投资基金经理。

（3）基金经理的观点

基金经理的观点是其投资决策的基础，通过查看基金经理的观点，我们能够清楚地知道基金在过去一段时间内的投资情况，以及基金经理对当前市场行情的判断和对未来市场发展的展望。了解了这些内容，投资者就能更好地知道基金经理的投资思路，进而判断出该基金经理的投资观点是否与自己契合。

（4）基金的持仓

基金的持仓指基金的投资对象分别是什么，各自占比多少，例如在该只基金中股票仓位占比情况、债券仓位占比情况，股票都分别属于哪些行业，各自占比多少。此外，我们还可以看出基金的持股集中度以及换手情况等。

虽然很多基金平台也会对基金的持仓情况进行披露，但是通常只会披露基金的前十大重仓股，在基金年报中则会披露基金持仓的所有个股。

（5）基金持有人信息

通过基金持有人信息，我们能够快速了解这只基金的投资者有哪些。简单来说，如果一只基金有许多机构持有人，则说明很多投资机构都普遍看好这只基金，那么这只基金自然比较优秀。因为机构投资者与散户投资者不同，他们通常是一个团队，有专业的投研人员，具有专业的投资能力，能够获得他们的认可，该基金的质量自然不会差。

但是，还有一点需要注意，除了需要查看基金持有人之外，还要查看机构投资者的占比情况，如果机构投资者占比较高，基金则可能存在清盘的风险。

了解了基金年报的看点之后，还要知道在哪里可以查看基金年报。基金年报作为一个公开性的文件在很多地方都能够查看到，例如一些基金销售平台都会提供基金年报，下面以天天基金网为例介绍如何查询基金年报。

实例分析

查询基金年报

进入天天基金网，找到目标基金，进入基金详情页面。在基金档案栏中单击"基金公告"超链接，如图3-13所示。

图3-13　单击"基金公告"超链接

进入基金公告页面，单击"定期报告"选项卡，如图3-14所示。

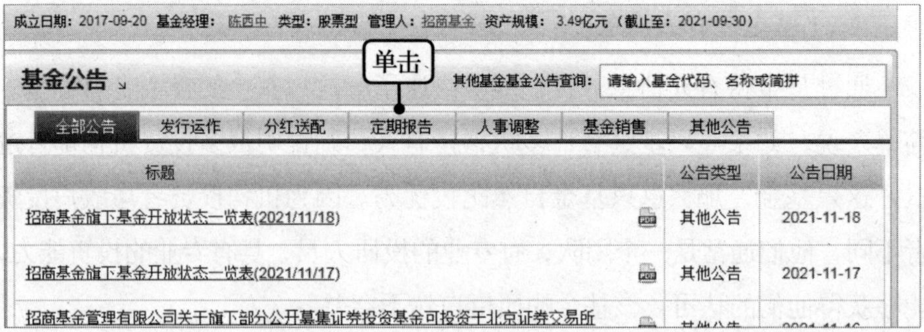

图3-14　单击"定期报告"选项卡

下方显示该基金定期报告列表，在列表中找到基金年报，单击年报名称超链接即可查看，如图3-15所示。

图3-15 单击基金年报超链接

经过上述一系列操作之后，相信投资者便能够快速找到基金年报，并对目标基金的各类情况有一个大致了解，也能更好地做出投资与否的判断。

3.4.3 分析基金财务报表

在基金年报中还有主要会计数据和财务指标这一部分，这部分主要展示基金年度经营数据。查看这部分的内容可以了解到这只基金是否赚了钱？

图3-16所示为信达澳银先进智造股票型基金年报中的主要会计数据和财务指标。

3.1 主要会计数据和财务指标

金额单位：人民币元

3.1.1 期间数据和指标	2020年	2019年01月17日（基金合同生效日）-2019年12月31日
本期已实现收益	192,862,394.75	9,685,645.59
本期利润	386,757,957.47	31,711,084.85
加权平均基金份额本期利润	0.6757	0.3453
本期加权平均净值利润率	34.44%	31.82%
本期基金份额净值增长率	62.02%	39.64%
3.1.2 期末数据和指标	2020年末	2019年末
期末可供分配利润	298,463,193.59	10,772,177.06
期末可供分配基金份额利润	0.4432	0.1148
期末基金资产净值	1,523,644,874.66	131,086,040.69
期末基金份额净值	2.2624	1.3964
3.1.3 累计期末指标	2020年末	2019年末
基金份额累计净值增长率	126.24%	39.64%

图3-16 基金财务数据

这部分披露的是基金产品的主要业绩指标，一般来说，会在基金年报中展示近3年的业绩情况。这里因为信达澳银先进智造股票型基金成立时间为2019年，距2020年年报披露时不足3年，所以展示的是近两年的业绩情况。

在这个图表中要注意如下几个指标。

①本期已实现收益指基金本期利息收入、投资收益、其他收入（不含公允价值变动收益）扣除相关费用后的余额，这是利润中实实在在的现金。

②本期利润为本期已实现收益加上本期公允价值变动收益。公允价值变动收益是账面收益，所以本期利润也是账面收益。

③期末可供分配基金份额利润，指基金每份份额分红的上限。

从上图中可以看到，2019年基金份额累计净值增长率为39.64%，到了2020年年末，基金份额累计净值增长率达到了126.24%，说明该只基金增长率较大，业绩表现优秀。

通过这样的分析，我们能够对基金过去一年的经营情况有实实在在的了解，以便找到真正能赚钱和会赚钱的基金。

第4章

其他类型的股票型基金

在其他类型的基金中，如果基金的投资标的中80%以上都是股票，则该基金可以视为股票型基金。这类基金除了具备股票型基金的特性以外，还具有自己的独有特点，使其在投资操作上与一般的股票型基金存在一定的差异。本章就来具体认识一下其他类型的股票型基金。

- 理解指数及指数基金
- 选择适合自己的指数基金
- 技术面分析指数基金
- QDII基金的设立及其特点
- QDII基金与一般开放式基金申赎的异同

4.1 被动型投资的指数基金

主动型股票基金的投资运作几乎完全依赖于基金经理对市场的分析和判断。而指数基金则不同，虽然它也是投资股票的股票型基金，但它却是被动型股票基金，其投资运作主要是跟踪标的指数，受基金经理影响较小。

4.1.1 理解指数及指数基金

想要做指数基金投资，首先需要理解两个基本概念，即"指数"和"指数基金"。在日常的投资市场中常常会看到各种各样的指数，例如上证指数、深证指数以及中证指数等，这些都是股票指数，也就是股票的价格指数，但它并不是某一只股票的价格指数，而是在众多股票中抽取一定数量的样本股票通过某种计算方式计算得来的综合价格指数。

因为股市风云变幻，难以预测，投资者身处其中想要了解某一只或几只股票价格的变化比较容易，但是如果要了解多只股票，甚至几十、数百只股票价格的变化就比较困难。为了解决这一问题，满足更多投资者的实际需要，一些金融服务机构就编制出股票价格指数并公开发布，作为市场价格变动的指标。投资者可以通过该指数来指导投资决策，预测股票市场的价格走向。

由于股票指数计算复杂，同时种类众多，所以人们常常从上市股票中选择若干种富有代表性的样本股票，并计算这些样本股票的价格平均数或指数，用于表示整个市场的股票价格总趋势及涨跌幅度。

同时，因为选择的目标股票不同，指数的类型也不同。如果选择整个市场的股票进行计算，得到的就是反映整体市场的综合指数，例如上证综指；如果选择不同市值规模的股票计算，得到的就是反映不同板块大中小市值股票的规模指数，例如中证500、沪深300；如果选择某种特定风格的股票计算，得到的就是反映该风格特征的指数，例如沪深 300 价值；如果选择某一行业的股票进行计算，得到的就是反映该行业变化的行业指数，例如工业指数、主要消费指数、医药卫生指数。

指数基金指的是以特定指数为标的指数，并以该指数的成分股为投资对象，通过购买该指数的全部或部分成分股构建投资组合，以追踪标的指数表现的基金产品。简单理解就是，市场中的股票数量多且种类丰富，投资者难以抉择，此时一些基金公司就为投资者提供了股票投资组合，而这些投资组合就是指数基金。

例如，投资者如果看好一个行业，或看好一个板块，不用单独选择一只或多只股票，只要选择对应的指数基金即可，这样就等于购买了一揽子股票来达成自己的投资目的。这样组合式的投资，相对于单一的股票投资风险更低，投资也更便捷。

4.1.2　选择适合自己的指数基金

市场中的指数基金也有很多，如何从中筛选出真正适合自己的指数基金一直都是投资者们重点关注的问题。事实上，选择一只适合自己的指数基金并不难，可以从以下 3 点入手。

（1）选择指数

指数基金的核心在于"指数"，不同的指数对应了不同的风格。要知道指数本身并没有好坏之分，只有适合与不适合，投资者可以从指数入手，选择适合自己的指数，再从中选择适合的指数基金。从前面的介绍中我们知道，根据选择的股票对象不同，指数分为了不同类型，对应了不同的投资风格，具体如下。

①规模指数是根据市值和流动性来选择成分股的指数，也是目前最核

心的指数类型，对 A 股市场具有较强的代表性，例如上证 50、沪深 300 以及中证 500 等。以规模指数为标的的基金产品比较丰富，能够满足不同风险偏好的投资者。从市值风格来看，大、中盘风格的指数基金长期业绩更稳定，而小盘风格的基金潜在的收益以及风险都比较高。

②风格指数是指反映股市中某种特定风格股票行情的指数，可以分为价值指数、成长指数。价值指数的投资对象偏向于某一特定的资产类别，其风险预期和年化预期收益特征与成长风格的指数不同。一般情况下，在市场相对低迷的阶段，价值型股票往往具备更好的防御作用；而在市场景气度高度扩张的阶段，成长类股票表现可能会更为出色。所以，价值型指数基金更适合风险承受能力不强的投资者，而成长型指数基金适合具有一定风险承受能力的投资者。

③主题投资指数和策略指数是反映某一主题或策略的指数，针对性较强，适合有特定投资偏好的投资者。

（2）选择基金

确定好了指数之后，投资者就可以进一步选择基金了。此时，需要引入一个概念"跟踪偏离度"，我们知道指数基金是以跟踪某一指数为标的，购买其全部或部分成分股的产品，所以指数基金是否优质，很大程度上取决于它是否能复刻目标指数，而跟踪偏离度就能很好地反映这一点。

跟踪误差是评价指数基金的主要指标，它也是衡量基金投资回报与标的指数回报偏离风险的关键，跟踪误差越小，意味着指数基金走势与目标指数走势越紧密，也就说明了投资者可以获得与指数表现更为接近的收益。因此，我们在选择指数基金时应选择跟踪误差更小的指数基金。

跟踪指数这一指标在各类基金平台都能快速查询到，下面以天天基金网为例进行介绍。

实例分析

查询指数基金跟踪误差

打开天天基金网，找到目标指数基金，进入基金详情页面。在基金基本信息下方可以看到跟踪误差数据，单击"跟踪误差"超链接，如图 4-1 所示。

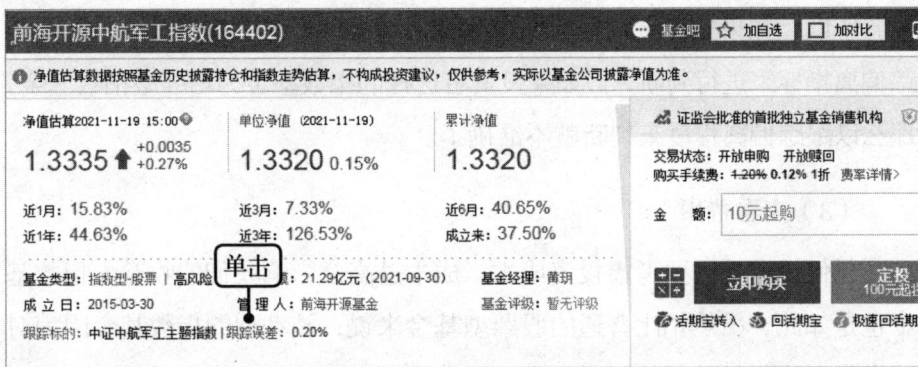

图 4-1　单击"跟踪误差"超链接

进入特色数据页面，在指数基金指标版块可以看到跟踪误差的详细情况，图 4-2 所示为前海开源中航军工指数 A（164402）基金的跟踪误差情况。

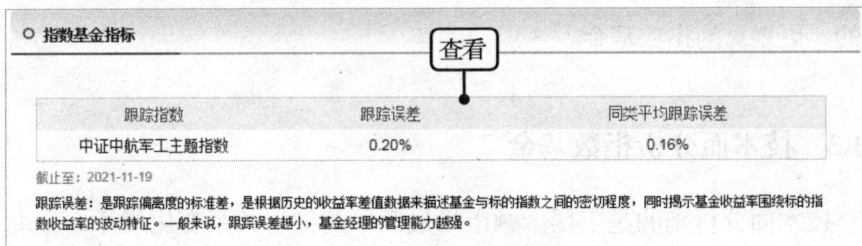

图 4-2　查看跟踪误差

从图中可以看到，该指数基金的跟踪误差为 0.20%，而同类指数基金的平均跟踪误差为 0.16%，所以从跟踪误差的角度来看，该指数基金与目标指数的偏离程度较大，没有很好地跟踪目标指数。

需要注意的是，指数基金根据偏离程度进行划分可以分为纯被动型指数基金和增强型指数基金。纯被动型指数基金指的是完全复刻跟踪指数走势，与标的指数走势越接近则越成功，这类基金的目的在于复制指数走势，追求市场平均收益。而增强型指数基金则不同，它是在跟踪标的指数的基础上，对一定比例的基金资产采取积极投资的方式，目的在于获取超越标的指数的收益。

所以，如果投资者选择的指数基金为纯被动型指数基金，可以借助跟踪偏离指标来进行判断，但如果投资者选择的指数基金为增强型指数基金，那么以跟踪偏离程度来判断就不准确了。

（3）查看费用

任何投资都需要考虑投资成本，成本过高会影响我们的收益，指数基金也是如此。虽然相比普通的股票型基金来说，被动型的指数基金因为对基金经理的依赖较低，所以投资管理费用更低。但是，不同的基金公司，不同的基金产品，费率是不同的，投资者在选择指数基金时应该将投资费用考虑在内，尽量选择费用更低的指数基金。

经过这一系列的操作之后，相信投资者就能够选择到适合自己的、优质的、更划算的指数基金。

4.1.3 技术面分析指数基金

技术面分析指的是应用金融市场最简单的供求关系变化规律，寻求、摸索出一套分析市场走势、预测市场未来趋势的金融市场分析方法。简单来说，就是通过分析 K 线图中的图形、形态以及指标来对证券后市的发展进行研判分析，常用于股票市场中。但实际上，基金投资也可以运用。

股票市场的技术面分析主要是依靠 K 线图，但因为基金的价格不是实时变化的，每天只有一个价格，所以不能绘制 K 线图，因而不能用 K 线图进行分析。而指数基金却不同，指数基金的跟踪标的为指数，其指数 K 线图能够实时反映目标市场的行情走势、资金流向，投资者通过对指数 K 线图进行技术分析，便能更好地抓住买入卖出机会。

理财贴士　*什么是 K 线图*

　　K 线图源于日本，被日本米市的商人用来记录米市的行情与价格波动，后因其细腻独到的标画方式而被引入到股市及期货市场。通过记录开盘价、最高价、最低价、收盘价这 4 个数据来反映行情的状况和信息，由于绘制出来的图表形状很像一根根蜡烛，加上这些蜡烛有红绿之分，因而也叫阴阳线图表。

　　技术分析的方法有很多，例如 K 线分析、均线分析、趋势分析以及技术指标分析等，这里以 K 线分析为例介绍技术分析方法。

　　K 线形态指的是由 K 线组合而成的具有市场指示意义的形态，根据 K 线数量的多少分为单根 K 线、多根 K 线组合以及长期 K 线形态。虽然它们都对市场具有指导意义，但是从可靠程度上来说，单根 K 线形成时间短，具有偶然性，可靠性不及多根 K 线组合；多根 K 线由几天的 K 线组合而成，形成时间长于单根 K 线却远远小于长期 K 线形态，所以其可靠性不及长期 K 线形态。这里重点介绍具有反转意义的长期 K 线形态，投资者一旦在市场中发现这类具有反转意义的形态，就应该立即做好买进或卖出的准备。

　　常见的反转形态有 V 形形态、双重形态、三重形态和头肩形态，具体内容如下。

　　◆　*V 形形态*

　　V 形形态分为 V 形底和倒 V 形顶。V 形底形态是一个比较常见的反转形态，出现在底部的频率较高，而且一般出现在市场剧烈的波动之中。该形态与其他反转形态最大的区别就在于，V 形底转向过程仅 2 ～ 3 个交易日，有时甚至更短就完成了，这让 V 形成为了最直观的反转形态。如

图 4-3（左）所示。

倒 V 形顶也称尖顶形态，其与 V 形底一样，也是一个比较常见的反转形态，它在顶部出现的频率较高，而且一般出现在市场剧烈的波动之中，其关键性的转向过程也仅 2～3 个交易日就能完成，有时甚至更短，通常情况下会有一根较长的上影线触顶，随后股价开始大幅下跌。如图 4-3（右）所示。

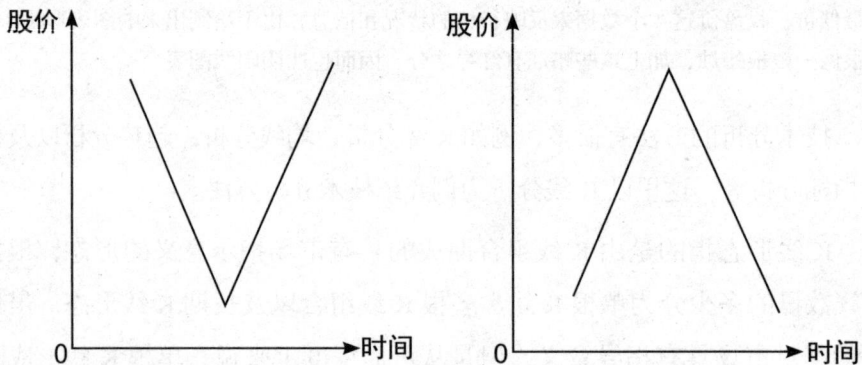

图 4-3　V 形底和倒 V 形顶

◆　双重形态

双重形态也分为双重底和双重顶。双重底又称为 W 形底，该形态一般在下跌行情的末期出现。双重底反转形态一般具有如下特征。

①形态的低点通常在同一水平线，股价第一次冲高回落后的顶点称为颈部，当股价放量突破颈线时，行情可能见底回升。

②形态形成之后，股价有可能出现回落的行情，股价最终会在颈部附近止跌企稳，后市看涨，投资者可在第二次突破回落、止跌后介入。

如图 4-4（左）所示为双重底的一般形态。

双重顶又称 M 形顶，该形态一般是在上升行情的末期出现，它与双重底形态的作用刚好相反，是一个后市看跌的见顶反转形态。双重顶反转形态一般具有如下特征。

①形态的高点并不一定在同一水平，通常第二个顶点比第一个顶点稍高，是高位追涨筹码介入拉高的结果，由于主力借机出货，因此股价上涨力度不大。

②形态的两个顶点就是股价这一轮上升行情的最高点，当股价有效跌破形态颈线（第一次下跌的低点为颈部）时行情发生逆转，投资者应果断卖出股票。

如图 4-4（右）所示为双重顶的一般形态。

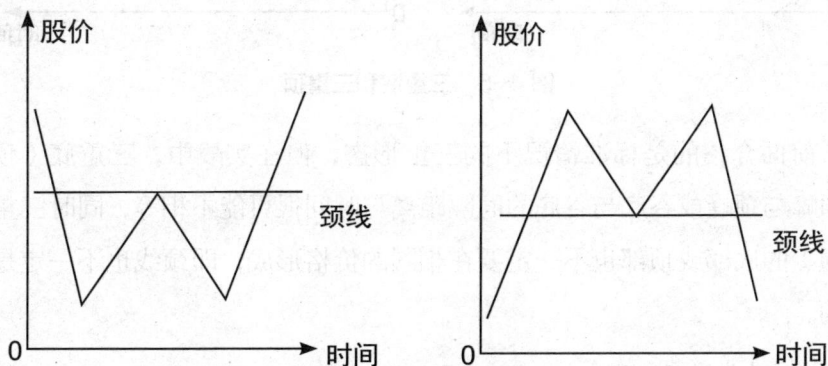

图 4-4　双重底和双重顶

◆　三重形态

三重形态分为三重底和三重顶。三重底形态是由 3 个一样的低位或接近的低位形成，与头肩底的区别是头部的价位回缩到和肩部差不多相等的位置。三重底形态的分析需要注意以下两点。

①三重底的颈部和顶部连线是水平的，所以三重底具有矩形的特征。

②三重底的低点与低点的间隔距离不必相等。

如图 4-5（左）所示为三重底的一般形态。

三重顶是由 3 个一样高位或接近的高位形成，头部的价位与肩部的位置相离不远。

如图 4-5（右）所示为三重顶的一般形态。

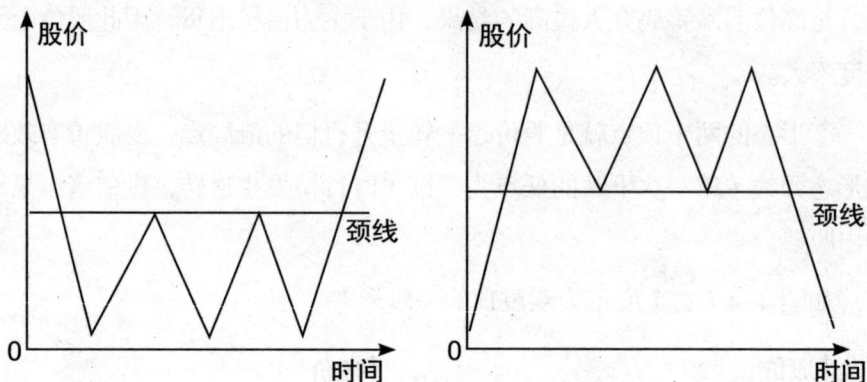

图 4-5　三重底和三重顶

前面介绍的是标准情况下的三重形态，但在实战中，三重底（顶）的顶峰与顶峰或谷底与谷底的间隔距离与时间很可能不相等，同时三重底（顶）的底部或顶部也不一定要在相同的价格形成，即颈线也不一定是水平的。

◆ 头肩形态

头肩形态分为头肩底和头肩顶。头肩底形态是在实战中出现最多的一种形态，它是一个长期趋势的反转形态，通常出现在下跌行情的末期。这一形态具有以下特征。

①头肩底形态的两肩低点大致相等。

②就成交量而言，左肩最少，头部次之，右肩最多。股价突破颈线不一定需要大成交量配合，但是日后继续上涨时成交量会放大。

如图 4-6（左）所示为头肩底的一般形态。

头肩顶形态是较为可靠的卖出信号，通过3次连续的涨跌构成该形态的3个部分，也就是有3个高点，中间的高点比另外两个高点要高，称为"头部"，左右两个相对较低的高点称为"肩部"。

如图 4-6（右）所示为头肩顶的一般形态。

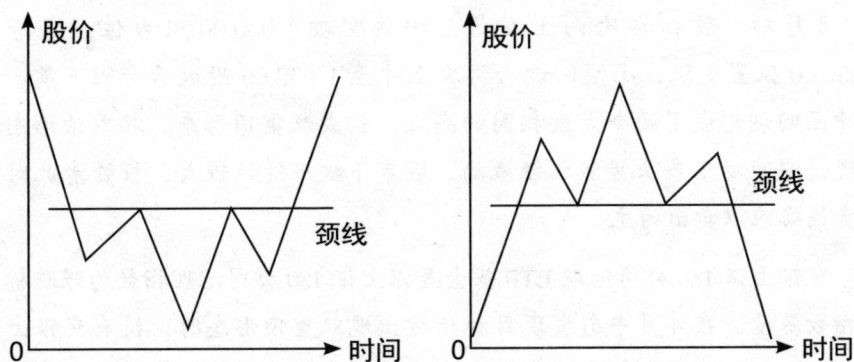

图 4-6　头肩底和头肩顶

实例分析

交银上证 180 公司治理 ETF 基金（510010）双重顶形态卖出分析

图 4-7 所示为上证 180 公司治理指数（000021）2019 年 1 月至 6 月的 K 线走势。

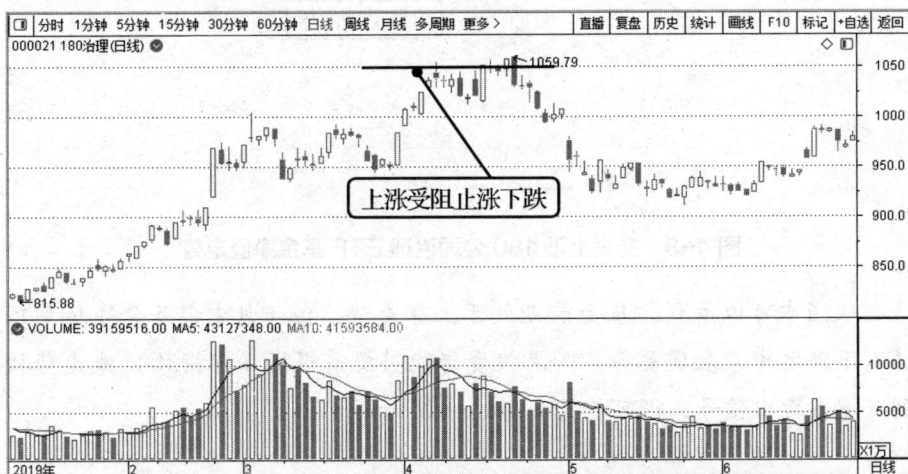

图 4-7　上证 180 公司治理指数 2019 年 1 月至 6 月的 K 线走势

从上图可以看到，该股指前期处于上升趋势之中，从 815.88 位置向上攀升，在 2 月下旬上涨至 1 000.00 点位置时受阻止涨，并在 950.00 至 1 000.00 区间横盘波动运行。

4月初，股指再次向上发力，一举突破 1 000.00 阻力位，运行至 1 050.00 位置受阻，小幅回调后再次上冲至 1 050.00 附近后受阻下跌。两次冲高回调形成了两个大致相同的高点，构成双重顶形态。双重顶形态的出现说明市场中多头势能已经衰竭，后市下跌可能性较大，投资者此时的投资策略应以卖出为主。

交银上证 180 公司治理 ETF 基金是以上证 180 公司治理指数为跟踪标的的指数基金，在 4 月中旬发现目标指数出现双重顶形态时，持有交银上证 180 公司治理 ETF 基金的投资者就应立即离场，否则将遭受严重经济损失。图 4-8 所示为交银上证 180 公司治理 ETF 基金 2019 年 1 月至 6 月的净值走势。

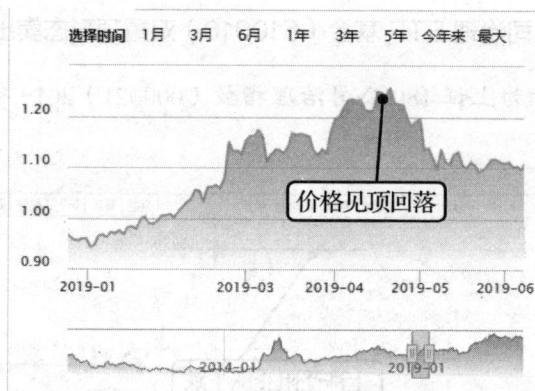

图 4-8　交银上证 180 公司治理 ETF 基金净值走势

从图中可以看到，基金前期处于上涨走势，但 4 月中旬基金净值见顶转入下跌之中，表现萎靡。如果投资者能够提前根据目标指数 K 线走势找到双重顶卖出信号，很可能就会躲过一劫。

4.2　QDII 基金全球配置规避风险

我国 QDII 制度自 2007 年 6 月正式推出以来，发展至今已有十几年的时间了，但是仍然有很多投资者对这一基金类型了解不多。事实上，它是主打海外市场的一款基金，投资者可以通过它来规避 A 股市场的风险，使境内金融资产风险更为分散。下面就来了解一下 QDII 基金。

4.2.1 QDII 基金的设立及其特点

QDII 基金指在一国境内设立，经该国有关部门批准从事境外证券市场的股票、债券等有价证券业务的证券投资基金。简而言之，QDII 基金就是方便国内投资者进行国外投资的基金。

了解 QDII 基金首先需要了解基金设立方面的内容，现行的《合格境内机构投资者境外证券投资管理试行办法》对申请成立 QDII 的机构投资者资格、QDII 投资范围以及境外投资顾问分别做出了规定。

申请 QDII 资格的机构投资者应当符合下列条件。

①申请人的财务稳健，资信良好，资产管理规模、经营年限等符合中国证监会的规定。对基金管理公司而言，净资产不少于 2.00 亿元人民币，经营证券投资基金管理业务达 2 年以上，在最近一个季度末资产管理规模不少于 200.00 亿元人民币或等值外汇资产。对证券公司而言，各项风险控制指标符合规定标准，净资本不低于 8.00 亿元人民币，净资本与净资产比例不低于 70%，经营集合资产管理计划业务达 1 年以上。在最近一个季度末资产管理规模不少于 20.00 亿元人民币或等值外汇资产。

②拥有符合规定的具有境外投资管理相关经验的人员，即具有 5 年以上境外证券市场投资管理经验和相关专业资质的中级以上管理人员不少于 1 名，具有 3 年以上境外证券市场投资管理相关经验的人员不少于 3 名。

③具有健全的治理结构和完善的内控制度，经营行为规范。

④最近 3 年没有受到监管机构的重大处罚，没有重大事项正在接受司法部门、监管机构的立案调查。

⑤中国证监会根据审慎监管原则规定的其他条件。

根据有关规定，除中国证监会另有规定外，QDII 基金可投资于下列金融产品或工具。

①银行存款、可转让存单、银行承兑汇票、银行票据、商业票据、回购协议、短期政府债券等货币市场工具。

②政府债券、公司债券、可转换债券、住房按揭支持证券、资产支持证券及经中国证监会认可的国际金融组织发行的证券等。

③与中国证监会签署双边监管合作谅解备忘录的国家或地区证券市场挂牌交易的普通股、优先股、全球存托凭证和美国存托凭证、房地产信托凭证。

④在已与中国证监会签署双边监管合作谅解备忘录的国家或地区证券监管机构登记注册的公募基金。

⑤与固定收益、股权、信用、商品指数、基金等标的物挂钩的结构性投资产品。

⑥远期合约、互换及经中国证监会认可的境外交易所上市交易的权证、期权、期货等金融衍生产品。

除中国证监会另有规定外，QDII 基金不得有下列行为。

①购买不动产。

②购买房地产抵押按揭。

③购买贵重金属或代表贵重金属的凭证。

④购买实物商品。

⑤除应付赎回、交易清算等临时用途以外，借入现金。该临时用途借入现金的比例不得超过基金、集合计划资产净值的 10%。

⑥利用融资购买证券，但投资金融衍生品除外。

⑦参与未持有基础资产的卖空交易。

⑧从事证券承销业务。

⑨中国证监会禁止的其他行为。

境外投资顾问应该符合下列条件。

◆ 在境外设立，经所在国家或地区监管机构批准从事投资管理业务。

◆ 所在国家或地区证券监管机构已与中国证监会签订双边监管合作谅解备忘录，并保持着有效的监管合作关系。

◆ 经营投资管理业务达 5 年以上，最近一个会计年度管理的证券资产不少于 100.00 亿美元或等值货币。

◆ 有健全的治理结构和完善的内控制度，经营行为规范，最近 5 年没有受到所在国家或地区监管机构的重大处罚，没有重大事项正在接受司法部门、监管机构的立案调查。

从这些内容可以看到，QDII 基金的设立非常严格，当然这么严格的基金设立规定也为投资者带来了更多的安全感。

了解了 QDII 基金的设立规定之后，还需要了解其具有的特点，为什么它能够吸引投资者。具体包括以下几点。

①个人投资者想要投资全球市场是比较困难的，不仅信息不对称，且缺乏专业的投资知识和丰富的全球投资经验，那么是不是个人投资者就不能做全球投资了呢？当然不是，QDII 基金的出现给投资者进行全球投资带来了机会，使投资者可以轻松投资海外市场，享受世界各区域的经济增长。

②当 A 股市场出现疲软，上涨乏力，市场风险加剧时，投资者可以通过 QDII 基金进行全球配置，以规避 A 股市场风险。

③ QDII 具有汇率风险和汇率优势，因为 QDII 基金是帮助投资者进行外汇转换的，所以投资者可以享受人民币对外汇率下降所带来的额外收

益。也就是说，如果人民币贬值，那么自己投出去的钱转变回人民币时资金就增加了，但是，如果人民币升值，自己投出去的钱转变回人民币时资金就减少了。因此，QDII 基金既给投资者带来了汇率套利空间，同时也带来了汇率风险。

4.2.2 QDII 基金与一般开放式基金申赎的异同

在了解 QDII 基金时，单一的认识理解比较困难，我们可以从对比的角度出发，将 QDII 基金与平常接触较多的开放式基金进行比较，从相同点和不同点入手，掌握 QDII 基金的申赎操作。

在申赎操作上，QDII 基金与一般开放式基金基本相同，具体来看，QDII 基金的申购和赎回与一般开放式基金的申购和赎回主要有以下 3 个相同点。

申购和赎回渠道相同。QDII 基金与一般开放式基金的申购和赎回渠道基本相同，投资者可通过基金管理人的直销中心及代销机构的网站进行 QDII 基金的申购与赎回。

申购和赎回的开放时间相同。投资者可以在每个交易日的开放时间办理申购和赎回申请，开放时间为 9:30 ～ 11:30，13:00 ～ 15:00。

基金申购和赎回的操作步骤相同。平台发出申请，确认份额，然后结算。

但是 QDII 基金的申购和赎回与一般开放式基金也存在一定的差异，具体包括以下 3 点。

（1）币种

一般开放式基金交易的币种都是人民币，而 QDII 基金虽然在一般情况下申购和赎回的币种为人民币，但是基金管理人可以在不违反法律法规规定的情况下，接受其他币种的申购和赎回，并提前公告。

（2）申赎时间制度

QDII 基金与一般开放式基金在申赎时间制度上存在较大不同。通常来说，基金管理公司会在 T+2 日内对该申请的有效性进行确认。T 日提交的有效申请，投资者应在 T+3 日到销售网点柜台或以销售机构规定的其他方式查询申请的确认情况（不同类型的基金可能存在些许差异）。

但是 QDII 基金赎回申请成功后，基金管理人将在 T+10 日（包括当日）内支付赎回款项。在发生巨额赎回时，款项的支付办法按基金合同有关规定处理。

（3）拒绝或暂停申购

因为 QDII 基金主要投资于海外市场，所以在拒绝或暂停申购的情形方面与一般开放式基金有所不同，如基金规模不可超出中国证监会、国家外汇管理局核准的境外证券投资额度。

4.2.3　QDII 基金投资必会的筛选技巧

因为 QDII 基金是投资海外资产最简单的方式，所以使得许多投资者纷纷转战 QDII 基金，希望能够分享全球经济增长成果。但是，目前市面上的 QDII 基金有很多，投资者应该如何选择呢？可以分为 3 步。

（1）了解自己，从自身出发

无论做什么投资，了解自己都是第一步，QDII 基金数量众多，不同的品种具备的风险和收益自然不同。此时，投资者应该从自己的实际情况出发，即从自己的投资经验、风险承受能力以及投资策略来考虑并进行基金筛选。

QDII 基金也分为主动型基金和被动型基金，例如广发纳斯达克100指数 A 基金（270042）是跟踪标的指数的被动型基金，易方达亚洲精选股票型证券投资基金（118001）是主动型基金。

主动型基金的风险和收益自然大于被动型基金，如果投资者的风险承受能力较低，投资经验比较缺乏，则可以选择被动型 QDII 基金，追求市场的平均收益。但如果投资者对境外市场未来发展有比较清晰的认识和判断，那么选择主动型 QDII 基金能获得更高收益。

（2）从与 A 股的关联程度考虑

QDII 基金从与 A 股关联程度的角度进行划分，可以分为强关联的 QDII 基金和弱关联的 QDII 基金。如果投资者投资 QDII 基金的目的是通过投资境外资本市场来分散风险，那么应该选择弱关联的 QDII 基金，如果选择强关联的 QDII 基金，则不能达到分散风险的目的。

（3）历史业绩情况

前面介绍过可以从基金的历史业绩来筛选基金，QDII 基金也是如此，历史涨幅较高的、业绩表现优秀的 QDII 基金，自然更容易获得青睐。

虽然历史业绩不代表将来表现，但如果基金近半年、近 1 年甚至近 3 年的业绩都表现良好，则说明该 QDII 基金短期、中期和长期表现都比较稳定，未来盈利的概率也更大。

4.3 上市型开放式基金 LOF

LOF 基金的英文全称是"Listed Open-Ended Fund"，翻译过来就是上市型开放式基金。上市型开放式基金发行结束后，投资者既可以在指定网点申购与赎回基金份额，也可以在交易所买卖交易的基金。

4.3.1　LOF 基金的基本特征

从 LOF 基金的概念可以知道，LOF 基金既可以作为场外基金，在基金平台申购赎回，同时又是一个场内基金，投资者可以通过自己的证券账户直接实时购买。

这样灵活的交易方式让其既具有场外基金交易的特点，又具备了场内基金交易的特点，所以 LOF 基金的特征更复杂，具体如下。

① LOF 基金本质上仍然属于开放式基金，所以它的基金份额总额是不固定的，基金份额可以在基金合同约定的时间和场所内进行申购和赎回。

② LOF 基金获准上市交易之后，投资者既可以选择在银行或基金代销机构按照当日收市时的基金净值申购、赎回基金份额，也可以选择在证券交易所按照撮合成交价买卖基金份额。

③两种不同的投资方式给投资者带来不同的投资体验。当投资者在场外交易时，采用未知价交易，投资者最迟 T+7 天可以收到资金；当投资者在场内交易时，采用实时竞价交易，LOF 基金的信息每隔 15 s 更新一次，投资者 T+1 日可收到资金。在投资成本方面，相较于场外投资，场内投资成本往往更低。

④面对两种交易方式，投资者可以转换，通过跨系统转托管实现在交易所系统买卖和在银行等代销机构申购、赎回基金份额两种交易方式的转换。

那么，这两种投资方式哪一种方式更好呢？

其实，总体来看，场外投资和场内投资两种投资方式并没有孰优孰劣之分，只是在投资操作方式上存在差异而已。

4.3.2　LOF 基金的转托管

在上一节的内容中我们知道了，LOF 基金的两种交易方式是可以转换的，投资者前期选择场外交易如果后悔了，可以转为场内交易；投资者前期选择场内交易如果后悔了，也可以转为场外交易，这就是 LOF 基金的转托管。

由此可以看到，LOF 基金的转托管包括两种情况：一是将托管在场外的基金份额转托管至场内；二是将托管在场内的基金份额转托管至场外。下面依次介绍这种两种转换应该怎么去做。

（1）将托管在场外的基金份额转托管至场内

将托管在场外的基金份额转托管至场内的步骤主要包括下面 3 步。

①在办理跨系统转托管之前，投资者须与基金份额拟转入的证券营业部取得联系，获知该证券营业部在深交所席位号码。

②在核实上述事项后，投资者可在正常交易日到转出方代销机构按要求办理跨系统转托管业务。

③投资者须填写转托管申请表，写明拟转入的证券营业部席位号码、开放式基金账户号码、拟转出上市开放式基金代码和转托管数量，其中转托管数量应为整数份。

（2）将托管在场内的基金份额转托管至场外

在办理跨系统转托管之前，投资者应该注意以下两个事项。

①确保拟转出基金份额的证券账户已在基金管理人或其代销机构处注册开放式基金账户。

②获知基金份额拟转入代销机构代码，并按照代销机构的要求办妥相关手续（账户注册或注册确认）以建立业务关系，确保拟转入的基金份额可被该代销机构接纳。

在核实上述事项后，投资者就可以在正常交易日持有效身份证明文件和证券账户卡到转出方证券营业部办理跨系统转托管业务了。投资者应填写转托管申请表，写明拟转入的代销机构代码、证券账户号码、拟转出上市开放式基金代码和转托管数量。

但是，在转托管的过程中有一个问题需要注意，就是转托管时上证LOF 基金转托管只限于上海证券账户和以其为基础注册的上海开放式基金账户之间。同样的，深证 LOF 基金转托管也只限于深圳证券账户和以其为基础注册的深圳开放式基金账户之间。两个市场不能交叉转托管。

4.3.3　LOF 基金的套利方法

同一只 LOF 基金既能在场外申购、赎回，也能在场内购买交易，而且两个市场还能进行转换。虽然是同一只基金，但因为所处的市场不同，所以它们的价格也会存在差异，这就为投资者提供了套利机会。

LOF 基金套利分为两种方式：溢价套利和折价套利，下面分别介绍。

（1）溢价套利

溢价套利指场内基金价格高于场外基金价格，且基金溢价幅度除去交易费用之外，还有利润空间。此时，投资者就可以在场外买基金，然后在场内卖基金，赚取收益。

例如，某投资者以 1.00 元每份额的价格在场外申购 LOF 基金，此时场内该 LOF 基金价格为 1.05 元，存在较大程度的溢价，如果投资者将持有的场外基金份额转到场内卖出，那么每份额的 LOF 基金可获得 0.05 元（1.05-1.00）收益。

当然，这是在没有考虑手续费用情况下的收益，在实际的投资中还应该减去交易的手续费用。事实上，投资者溢价套利的收益为：场内卖出的金额 - 场外买入的金额 - 交易成本。

从公式可以看到，这里涉及交易成本，所以投资者在发现 LOF 基金存在溢价时不能盲目套利，还要确认 LOF 基金的溢价率大于成本，且有盈利空间才能套利，否则就是在做无用功。

溢价套利的操作方法具体包括下面 3 个步骤。

① T 日，投资者在场外申购目标基金份额。申购场外基金的手续费最高是 1.5%，第一个交易日先在任何交易时段（9:30 ～ 11:30，13:00 ～ 15:00）内进行场外申购，因为当天场内申购都是以收盘后的基金净值为准，所以投资者在交易日的任意交易时间段买进都可以。

② T+1 日，确认基金份额，当天晚上，券商做完结算，就可以计算出份额和手续费。

③ T+2 日，交易所开盘之后，投资者就可以卖出获利了。

在实际的投资中，投资者可以利用集思录、天天基金网等平台查询 LOF 基金实时的溢价折价情况，然后开始对基金进行套利操作。

这里以集思录为例分析 LOF 基金的溢价套利。

实例分析

国富 100（164508）基金溢价套利分析

打开集思录官网进入首页，在页面中单击"LOF 基金 / 指数 LOF"超链接，如图 4-9 所示。

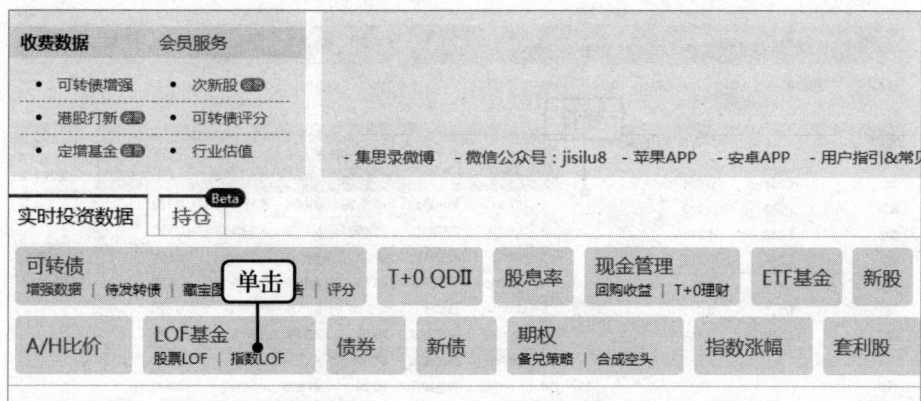

图 4-9　单击"LOF 基金 / 指数 LOF"超链接

进入指数 LOF 基金列表，在列表中可以看到 LOF 基金的现价、涨幅、基金净值、实时估值及溢价率等信息，单击"溢价率"选项卡，使 LOF 基金按照溢价率从高到低进行排列，如图 4-10 所示。

代码	名称	现价	涨幅	成交(万元)	场内份额(万份)	场内新增(万份)	换手率	基金净值	净值		溢价率	跟踪指数
164508	国富100	1.245	-0.72%	0.02	328	0	0.01%	1.1670	2022-03-29	1.2016	3.61%	中证100
163821	中银300E	1.904	-4.56%	20.09	46	4	23.05%	1.8000	2022-03-29	1.8409	3.43%	300等权
160415	华安量化	1.650	4.63%	2.49	58	0	2.75%	1.5550	2022-03-29	1.6021	2.99%	深证300
501037	中证500C	1.157	2.84%	23.58	387	14	5.42%	1.1201	2022-03-29	1.1413	1.38%	中证500
501007	互联医疗	1.001	4.16%	5.02	261	0	1.93%	0.9634	2022-03-29	0.9884	1.27%	CS互医疗
161123	并购重组	1.221	1.92%	2.95	3857	0	0.06%	1.1878	2022-03-29	1.2070	1.16%	CSWD并购
162307	海富100	1.395	1.75%	1.65	162	0	0.74%	1.3403	2022-03-29	1.3800	1.09%	中证100
501047	全指证券	1.011	3.80%	3.81	390	1	0.98%	0.9647	2022-03-29	1.0011	0.99%	证券公司
168203	中融钢铁	1.265	2.10%	13.76	927	0	1.20%	1.2340	2022-03-29	1.2562	0.70%	国证钢铁
501011	中药基金	1.263	0.80%	3968.78	26622	31	11.87%	1.2502	2022-03-29	1.2558	0.57%	中证中药
165522	信诚TMT	0.756	3.14%	0.65	1597	0	0.06%	0.7376	2022-03-29	0.7524	0.48%	中证TMT
162509	中证100E	0.872	1.87%	1.19	8261	0	0.02%	0.8430	2022-03-29	0.8680	0.46%	中证100

图 4-10　查看指数 LOF 基金列表

从图 4-10 可以看到，国富 100（164508）基金的溢价率为 3.61% 较高，存在套利空间。此时，可以单击该基金的基金代码，进入基金详情页面，进一步查看基金的详细情况。

图 4-11 所示为国富 100 基金的详细信息。

代码	名称	现价	涨幅	成交(万元)	场内份额(万份)	场内新增(万份)	换手率	基金净值	实时估值	溢价率	跟踪指数	指数涨
164508	国富100	1.245	-0.72%	0.02	328	0	0.01%	1.1670	1.2016	3.61%	中证100	3.12%

国富100	价格	挂单(万元)		序号	股票代码	股票名称	现价	涨跌幅	占净值比例	持股数(万股)	
卖5	-	-		1	600519	贵州茅台	1730.10	3.79%	8.19%	0.120	
卖4	1.254	0.321		2	300750	宁德时代	519.00	6.59%	4.39%	0.220	
卖3	1.253	0.388		3	600036	招商银行	46.23	2.71%	4.28%	2.590	
卖2	1.246	1.246		4	601318	中国平安	48.70	3.16%	3.80%	2.220	
卖1	1.245	0.117		5	000858	五粮液	156.95	5.21%	3.19%	0.420	
买1	1.177	0.341		6	300059	东方财富	26.08	7.81%	2.99%	2.370	
买2	1.161	0.070		7	000333	美的集团	57.00	4.30%	2.33%	0.930	
买3	1.159	0.116		8	601166	兴业银行	20.29	2.06%	2.26%	3.490	
买4	-	-		9	002475	立讯精密	32.42	5.43%	1.96%	1.170	
买5	-	-									
现价	1.245	0.020									

查看

图4-11　国富100基金详细信息

从上图可以看到，国富100基金的现价为1.245元，基金净值为1.1670元，实时估值为1.2016元，存在较大的差额，有一定的套利空间。因此，投资者此时应该立即在场外以基金净值价格申购国富100LOF基金份额。需要注意的是，为了尽量降低投资风险，投资者操作的时间应该接近收盘时间更稳妥。当天申购买进后，需要等待基金份额确定，所以还不能做任何的操作。

第二天，也就是基金买进的第二个交易日，基金公司为投资者确认基金份额和交易手续费。这一天投资者无法做任何的操作，LOF套利的风险主要也就是这一天。

第三天，这一天基金份额就可以卖出了，证券市场开盘之后就可以卖出，注意卖出的时候要在场内卖出，而非场外赎回。这样一来，LOF基金的溢价套利就完成了。

（2）折价套利

折价套利与溢价套利相反，它指的是场内基金价格小于场外基金价格，且折价幅度除了交易费用之外，还存在利润空间，所以展开的套利活动。也就是说，投资者从场内买进LOF基金，然后在场外赎回基金份额，赚取其中的差价收益。

此时，投资者的套利收益为：场外卖出的金额 − 场内买入的金额 − 交易成本。

例如，投资者在场内以 1.00 元每份额的价格买进基金，而场外的基金价格为 1.06 元，所以投资者在场外进行赎回，赚取差价收益。

但在实际投资中，因为场内买入的基金当天是不可以赎回的，必须要等到第二个交易日才可以赎回。所以如果投资者以新买进的基金做底仓，就要承担一天的价格波动风险，这样投资风险过大，所以并不适合。

但如果是投资者本身就已经长期持有的基金，发现折价套利机会时，就可以通过该方法来获取价差收益。因此，折价套利仅适合本身已经长期持有的基金做底仓套利。

在实际投资中，因为基金赎回的费率较高，所以对折价率的要求很高，且在赎回时券商一般不会有费率优惠，因此收益空间很小，通常不建议做，除非存在较大的折价空间。

4.4　长期持有的封闭式基金

很多人抱怨股票基金投资不赚钱，殊不知，很大一部分人不赚钱的原因主要有两个：一是频繁申购、赎回，无法长期持有，收益除去手续费用所剩无几；二是追涨杀跌，却屡屡高买低卖，踩错踏空。但是，市场中还有这么一类基金，它强制性地避免投资者频繁交易，以长期持有为主要的投资策略，它就是封闭式基金。

4.4.1　封闭式基金的交易特点

在第 1 章的内容中曾简单地介绍过封闭式基金，它与开放式基金相反，基金发行总额和发行期在设立时就已经确定，发行完毕后的规定期限内发行总额固定不变。并且封闭式基金的投资者在基金存续期间内不能向发行机构赎回基金份额，基金份额的变现必须通过证券交易场所上市交易。

也就是说，投资者认购封闭式基金后，在封闭期内除了能够在二级市场交易变现之外，只能一直持有基金，直到封闭期结束才能赎回。正是基于封闭式基金这样的交易方式，使得它具有了其他开放式基金没有的上市交易特点。

①基金份额在交易所上市，投资者可通过任意证券公司以撮合成交价格买卖基金份额。

②封闭式基金上市交易与股票交易规则相同，基金单位的买卖委托采用"公开、公平、公正"原则和"价格优先、时间优先"原则。

③基金交易委托以标准手数为单位进行。

④基金的交易价格以基金单位资产净值为基础，受市场供求关系的影响而波动。

⑤在证券市场中投资者可以随时委托买卖基金单位。

⑥封闭式基金上市交易实行股票 T+1 交易制度，同样需要收取交易佣金，但场内基金交易费用通常为万分之一（即 0.01%）左右。而开放式股票型基金申购费多为 1.2% ～ 1.5%，有的打 1 折优惠，也需要0.12% ～ 0.15%，从费率的角度来看，封闭式基金上市交易明显成本更低。

因此，从封闭式基金的交易特点来看，投资者投资封闭式基金可以长期持有，待封闭期结束后赎回获利，也可以在二级市场进行实时交易。

4.4.2　封闭式基金认购期认购和场内买入

封闭式基金同开放式基金一样，新基金成立后，可以在认购期内进行场外认购，购买渠道和一般的开放式基金一样在基金销售平台认购即可。

如果认购期结束，封闭式基金进入封闭期，投资者就不能在场外继续买入该封闭式基金了。因为封闭式基金可以依法在证券交易所交易，所以整个封闭期投资者都只能在二级市场上进行交易，直到封闭期结束。

投资者二级市场交易封闭式基金需要经过以下 4 个步骤。

①开立证券账户，已有深、沪股票账户或基金账户的投资者可直接进行交易。

②没有深、沪股票账户或基金账户的投资者，需在交易前持本人身份证到当地开户网点办理股票账户或基金账户的开户手续。只买基金的投资者，可以只开设证券交易所基金账户。

③投资者根据自己的计划买入量，在交易前向自己的资金账户中存入足够的资金。一经办理买入手续，资金即被冻结。

④投资者可通过填写交易委托单、电话委托或磁卡委托方式在其开立资金账户的证券经营机构办理买入委托。

4.4.3　封闭式基金的 3 种获利方式

投资就是为了获利，封闭式基金独特的交易方式使得它的获利方式有别于一般的开放式基金。通常情况下，开放式基金投资想要获利就只能期望基金净值上涨，但是封闭式基金却不同，它主要有以下 3 种获利途径。

（1）净值增长

基金净值指基金真正的资产价值，如果这只基金的资产价值增长，投资者持有的基金份额就会增值。例如，认购封闭式基金时基金净值为 1.00 元，封闭期结束，基金份额赎回时基金净值为 1.40 元，那么每份额的基金便可获得 0.40 元的收益。

基金净值增长是基金投资中最基础、最简单，也最直接的一种获利方式，封闭式基金也是如此。

（2）套利获益

封闭式基金进入封闭期后，二级市场的价格受到市场供需关系的影响，出现波动，可能与基金的单位净值产生差价，进而出现了套利空间。

因为场外买进的封闭式基金在封闭期内不能赎回，只能在二级市场卖出，而二级市场买进的基金份额，既可以在二级市场卖出，也能持有到期赎回。

所以，如果二级市场中的基金价格小于基金单位净值，即折价，投资者可以在二级市场买进，持有到期等待封闭期结束，赚取收益。如果二级市场价格大于基金的份额净值，即溢价，投资者若本身以认购方式持有封闭式基金，则可以在二级市场卖出获利。

假设，某封闭式基金认购期的基金单位净值为 1.00 元，随后基金进入封闭期，基金净值不变。如果二级市场中该封闭式基金的价格上涨到 1.50元，那么，投资者可以直接在二级市场卖出认购期持有的基金份额，每份额获得 0.50 元收益。如果二级市场中该封闭式基金的价格下跌到 0.50 元，投资者可以在二级市场买进该封闭基金，然后持有至基金到期并在场外赎回，获得每份额 0.50 元收益。

所以，投资者可以根据封闭式基金的溢价率和折价率来选择封闭式基金，以追求套利机会。但是要注意一点，因为封闭式基金投资中封闭期的存在，所以使得封闭式基金的套利风险也较大，尤其是距离封闭期结束还较长的基金，未来行情还不确定，存在的风险也不小。

（3）现金分红

有人说，现金分红并不稀奇，开放式基金中也有分红，包括红利再投和现金分红两种。但是，封闭式基金与开放式基金完全不同，前面曾提到过，开放式基金分红并不会增加投资者的投资收益，无非是将左边钱包的钱放进右边钱包而已。但是，封闭式基金因为基金的份额是保持不变的，所以只能采取现金分红的方式，对于长期折价交易的封闭式基金而言，分红能起到提升基金投资价值的作用。

根据规定，封闭式基金必须以现金形式进行收益分配，每年不得少于一次，年度收益分配比例不得低于基金年度可供分配利润的 90%。简单来说，封闭式基金只要在某一年里赚钱了，净值高于 1.00 元的那部分几乎都要以现金分红的方式分配给投资者。

假设某只封闭式基金的单位净值为 1.40 元，二级市场价格为 0.70 元，此时折价率为 50%。根据封闭式基金现金分红规定，将高于 1.00 元部分的全部以现金分红的方式分配给投资者。那么，此时该只封闭式基金的单位净值变为 1.00 元，二级市场的价格也因为分红变为 0.30 元（0.70-0.40），此时该基金的折价率变为：（1.00-0.30）÷1.00=70%，可以看到折价率竟然变高了。

综上所述，可以看到，封闭式基金为投资者提供了更多的获利途径，也给投资者提供了更多的投资机会。

4.4.4　封闭基金到期后的处理

封闭式基金到期后的处理是投资者尤其关心的事，因为这直接关系到投资者的切身利益。封闭式基金到期后的处理方式有 3 种，分别是延期、清算和封转开，具体如下。

（1）延期

延期从字面上就可以理解，即延长封闭式基金的运作期限，例如原定的封闭期为 5 年，到期后再计划封闭式运作 5 年。但是，在实际投资中这种处理方式是比较少见的，封闭式基金延期的可能性较小。

（2）清算

清算指封闭基金的运作期结束后，基金公司按照相关规定卖出该基金持有的投资品种，例如股票、债券等。然后基金净值扣除相应费用之后，将余下的资金按照投资者持有的基金份额退还给投资者。

清算这一种处理方式在实际的投资中也比较少见到，因为清算处理无论是对基金公司，还是对投资者，都是一种不利的处理方式。

（3）封转开

封转开指的是封闭式基金到期后实行"封转开"操作，即由封闭式基金转为可以直接按净值申购和赎回的开放式基金。封闭式基金在约定的年限到达后，可根据相关的证券法律法规和基金、合同的约定，经召开持有人大会投票表决，一旦参会的 2/3 的持有人同意就可以转换成开放式基金。

华夏基金管理公司旗下的"基金兴业"就是我国第一只"封转开"基金。在转为开放式基金后，该基金的名称改为"华夏平稳增长基金"。目前，封转开是比较常见的封闭式基金到期后处理办法。

第5章

关于股票型基金的一些投资技巧

很多人对股票型基金投资存在误解，认为股票型基金是一揽子股票组合，不像单一的股票投资，风险比较分散，投资更稳健，所以不需要像股票一样实时盯盘，关注市场变化，只需要长期持有即可。其实不然，股票型基金是基金中风险最高的一类基金，不同的投资策略有不同的投资方法，投资者需要针对市场和自身的投资策略，选择适合的投资方法。

- 理解"价值投资"的核心
- 股票型基金中价值投资的操作法
- 判断基金价值是否被低估
- 高抛低吸做波段
- 震荡行情更适合做波段

5.1 坚持价值投资思维

价值投资是一种建立在实业投资思维上的投资应用，它的目的在于获取企业发展、扩大而促使股票上涨所产生的收益。简单来说，价值投资更多的是关注资产本身的盈利和现金流，是通过长远的目标来实现最终的收益，而非通过交易与买卖技巧来获得短期收益。

5.1.1 理解"价值投资"的核心

巴菲特曾经说过："我对预测股市的短期波动一无所长，我对未来六个月、未来一年或未来两年的股票市场走势一无所知。"巴菲特是一位坚持价值投资的投资者。

他认为股票价格始终围绕其"内在价值"上下波动，而内在价值是可以用一定方法来进行测定的。股票价格从长远的角度来看，会向其内在价值靠拢，所以当股票价格低于内在价值时，就出现了投资机会，投资者可买入等到后期价格回归其内在价值。

也就是说，投资者要明确的是你买的不是股票，而是股票背后的企业，甚至是企业背后的整个行业，你不是简单的基民、股民，而是投资者，要以价值的角度看待投资。

价值投资在投资操作上有别于其他投资策略，一般是指避免做短期价格波动的博弈，是以长期持有为主，一旦选择确认了便会和企业共同成长，和行业共同成长。

5.1.2 股票型基金中价值投资的操作法

价值投资策略是在股市投资中提出来的，它认为投资者进行股票投资不应该是投资某一个股，而应该是投资该股背后的企业，只要从长远来看该企业具有发展的潜力和实力，那么就可以在公司股票被低估时买进，长期持有待涨。但是，股票型基金是众多股票的集合，且基金中股票的调整权在基金管理人手中，投资者个人无法调换股票，这样是不是就意味着不能做价值投资了呢？

当然不是，价值投资是一个投资概念，只要投资者肯定了这一投资策略，并认同这一投资策略，就可以在股票型基金中进行价值投资。股票型基金进行价值投资的方法主要有以下 3 种。

（1）选择坚持价值投资策略的基金经理

要知道买基金其实就是投资基金背后的基金经理人以及他所带领的团队。如果基金经理本身是坚持价值投资策略的，那么选择这样的基金经理，必然能够做好价值投资。

这些坚持价值投资的基金经理通常具备以下特点。

换手率较低。坚持价值投资的基金经理对于市场中的热点、热门主题不是那么热衷，有别于市场上相当一部分的基金经理频繁交易、赚取波动差价收益，他们更注重的是回归本源，从公司内在的价值出发，看好公司的长期发展，也为客户创造投资收益。所以他们的换手率低，忽视股价短期涨跌的干扰，专注寻找并持有那些生命周期长、发展稳定、盈利持久的公司。

选择股票时更注重背后公司的增长质量。市场中有很多基金经理选择股票时主要是看该公司是否盈利和利润表的利润情况，但是坚持价值投资的基金经理还会关注公司盈利增长背后的质量情况，是否为主营业务增长，主营业务增长占比情况等，探究公司盈利增长的可持续性。

遭遇过短期落后。坚持价值投资的基金经理在波动市场中通常遭遇过基金净值剧烈波动的情况，承受较大的压力仍然坚持，然后为客户带来巨大的价值。

因此，我们在选择股票型基金时，应该从基金经理出发，结合基金招募说明书、基金年报公告等信息，仔细查看基金经理的相关内容，包括他的投资风格和未来愿景等，了解他的投资策略。

（2）选择购买坚持价值投资策略的基金

除了选择坚持价值投资策略的基金经理外，投资者还可以直接选择购买坚持价值投资策略的基金，在基金平台搜索框中输入"价值"，然后在下方的价值股票型基金中选择，图5-1所示为和讯基金网首页。

图 5-1　搜索价值股票型基金

找到目标价值股票型基金后，还要进一步查看基金投资策略，包括资产配置策略、股票投资策略等，确认之后，就可以直接申购买入。

（3）选择价值被低估的行业指数基金

价值投资除了投资公司成长外，还可以投资行业，如果某一行业被严重低估，从长远的角度来看，其价值必然会向其内在价值靠拢，所以当行业被低估时就是买入机会。此时可以通过投资行业指数基金来实现价值投资。

行业指数基金就是以某一行业指数作为标的，实施被动投资管理的基金产品。因此，投资者如果对当前的市场行情以及未来的发展走向有一定研究，且认为该行业处于被低估状态，则可以买进该行业的指数基金做价值投资。

还有一种投资思路是，长期持有那些发展比较稳定的行业基金，例如公共行业、制造业等，它们通常波动不大、抗跌性较强，中长期收益比较优秀，投资者仍然可以采用价值投资，长期持有。

5.1.3　判断基金价值是否被低估

通过了解价值投资，我们不难发现，价值投资的核心在于基金价值是否被低估，因为从长远角度看，基金价值必然会向其内在价值靠拢，所以投资者做价值投资的前提就是判断该基金的价值是否被低估。

虽然一般的股票型基金难以进行价值评估，但是指数基金却可以。在很多基金平台中都提供了指数评估工具，投资者通过这些评估工具能够快速查看到目标指数是否处于被低估状态。

通常评估指数主要是依据市盈率或市净率百分位，即通过 PE 或 PB 百分位来判断。

PE 指市盈率，PE（TTM）= $\sum$ 成分股市值 ÷ $\sum$ 成分股净利润（TTM）。数值越低，一般认为估值越低。

PB 指市净率，PB（MRQ）= $\sum$ 成分股市值 ÷ $\sum$ 成分股净资产，数值越低，一般认为估值越低。

可以看到评估的计算方法比较复杂，但在实际投资中并不需要投资者自行计算，直接进入基金平台进行查看即可，下面以支付宝蚂蚁理财为例进行介绍。

实例分析

蚂蚁理财查看指数估值情况

打开支付宝，点击下方的"理财"按钮，进入理财页面，点击"基金"按钮，如图5-2（左）所示。进入基金页面，点击"指数基金"按钮，如图5-2（右）所示。

图5-2　点击"指数基金"按钮

进入"指数基金"页面，点击"指数红绿灯"按钮，如图5-3（左）所示。进入指数红绿灯页面，选择显示绿灯的被低估的指数，如图5-3（右）所示。

图5-3　选择被低估的指数

进入"指数详情"页面，查看指数被低估的情况，如图5-4（左）所示。确认后下滑页面，选择目标指数基金，找到目标指数基金后可在页面中直接点击"去买入"按钮购买，如图5-4（右）所示。

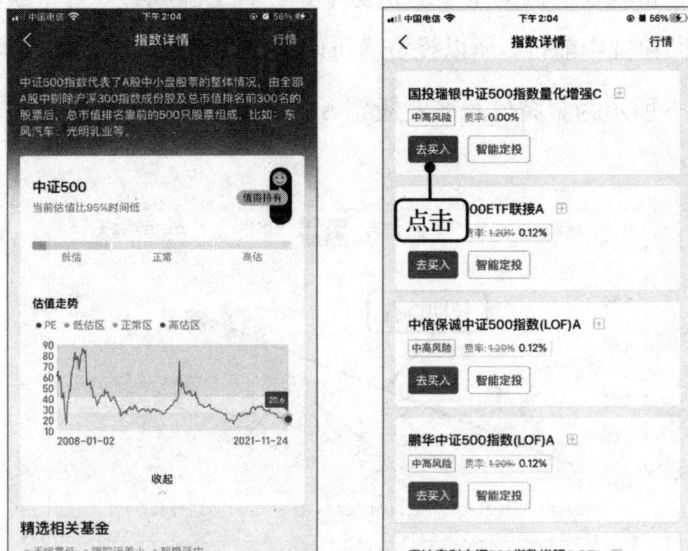

图5-4 选择被低估的指数基金

蚂蚁理财中的指数红绿灯工具是以 PE（PB）百分位来评估的，当 PE（PB）百分位低于 30%（含）时被定义为低估区，显示绿灯；当 PE（PB）百分位高于 70%（含）时被定义为高估区，显示红灯；而当 PE（PB）百分位处于 30% ～ 70%（不含）时则为正常估值区，显示黄灯，可持续关注。

5.2 追涨杀跌做波段投资

如果说价值投资是坚持长期持有的投资策略，那么追涨杀跌的波段投资就是与价值投资截然不同的一种投资策略，不以长期持有为目的，反而通过频繁的进出赚取短期收益。

5.2.1 高抛低吸做波段

波段交易的核心就是高抛低吸，即在低点位置买进，在高点位置卖出，从中赚取差价收益。因为基金的走势不是一直上涨或者一直下跌的，会在涨跌的来回拉扯中前行，所以投资者可以通过高抛低吸来赚取中间的差价。

图 5-5 所示为金鹰信息产业股票 A（003853）基金近一年的单位净值走势。

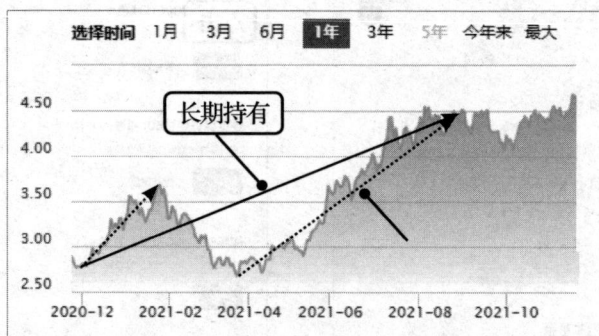

图 5-5　金鹰信息产业股票 A

从图中可以看到，2020 年 12 月，基金净值从 2.80 元位置附近开始向上震荡攀升。2021 年 1 月底，基金净值上涨至 3.70 元附近后止涨转入下跌趋势中。2021 年 3 月，基金净值跌至前期低位 2.80 元附近后止跌，横盘运行一段时间后，2021 年 4 月中旬开始再次向上攀升，上涨至 4.50 元附近后横盘，并在 4.00 元至 4.50 元区间横盘波动运行。

如果投资者坚持长期持有策略进行投资，那么投资者在 2020 年 12 月 2.80 元位置买入，截至 2021 年 8 月的 4.50 元，每份额基金可获得 1.70 元（4.50-2.80）的收益。

但是，如果投资者坚持波段投资策略，在 2020 年 12 月以 2.80 元买进，然后在 2021 年 1 月底以 3.70 元价格卖出。在 2021 年 3 月 2.80 元位置买进，在 2021 年 8 月 4.50 元卖出。那么如此两个波段投资，该投资者每份额基金可获得收益如下（理想状态下，忽略进出手续费的计算）。

3.70−2.80=0.90（元）

4.50−2.80=1.70（元）

0.90+1.70=2.60（元）

可以看到，进行波段操作的基金投资收益明显更高。投资者利用波段操作策略，可以抓住更多的投资机会，资金也更灵活。

5.2.2　震荡行情更适合做波段

市场中的行情通常分为 3 种：一是牛市行情；二是熊市行情，三是震荡行情。

所谓牛市，指的是所有板块都轮番上涨，市场一片祥和，走势呈单边上涨，这是所有投资者都"普大喜奔"的行情走势。在这样的走势中并不适合波段操作，更适合长期持有，频繁的进出反而会因为手续费以及时机问题错过收益空间。

图 5-6 所示为上证指数 2018 年 12 月至 2019 年 4 月的 K 线走势。

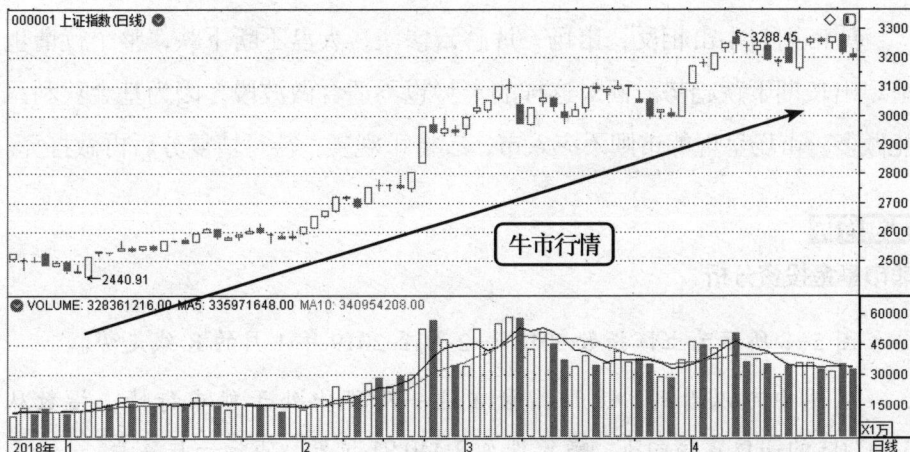

图 5-6　上证指数 2018 年 12 月至 2019 年 4 月的 K 线走势

从上图可以看到，该阶段内大盘呈现上涨趋势，指数从 2 440.91 位置上涨至最高 3 288.45，涨幅较大。我们查看该阶段中的某基金走势，图 5-7 所示的交银国证新能源指数（LOF）（164905）基金净值走势。

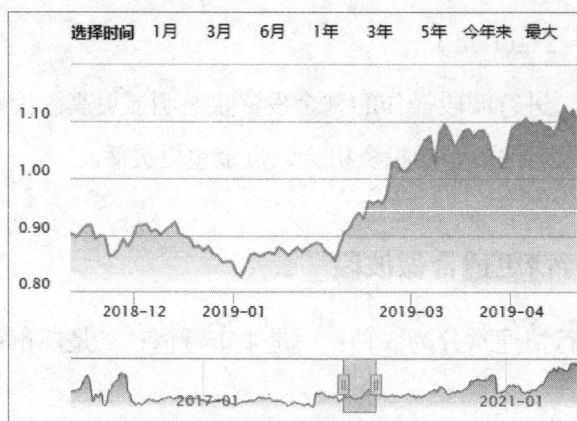

图 5-7　交银国证新能源指数（LOF）基金净值走势

从图中可以看到，交银国证新能源指数基金从 2019 年 1 月开始转入上升趋势之中，最高上涨至 1.10 元上方，涨幅较大。在这样的牛市行情中，如果投资者采用波段操作，在买进卖出的过程中不仅会增加手续成本，还可能提高买进成本，减少获利空间。此时，长期持有为最佳的投资策略。

熊市则与牛市相反，市场一片愁云惨淡，大盘不断下跌，整个行情也呈现出长期下跌趋势。面对这样的走势也不适合做波段，因为基金获利只能做多，市场呈现熊市则不应入市，应持币观望，待行情复苏后再做打算。

实例分析

熊市基金投资分析

图 5-8 所示为上证指数 2018 年 2 月至 2019 年 1 月的 K 线走势。

从图中可以看到，上证指数在这一阶段中处于熊市行情，指数从 3 587.03 的高位震荡向下，最低跌至 2 440.91 位置，市场一片哀号。

图 5-8 上证指数 2018 年 2 月至 2019 年 1 月的 K 线走势

在这样的市场背景下，股票型基金必然也不会出现较大的增长，图 5-9 所示为长信创新驱动股票（519935）基金在这一阶段中的基金净值走势。

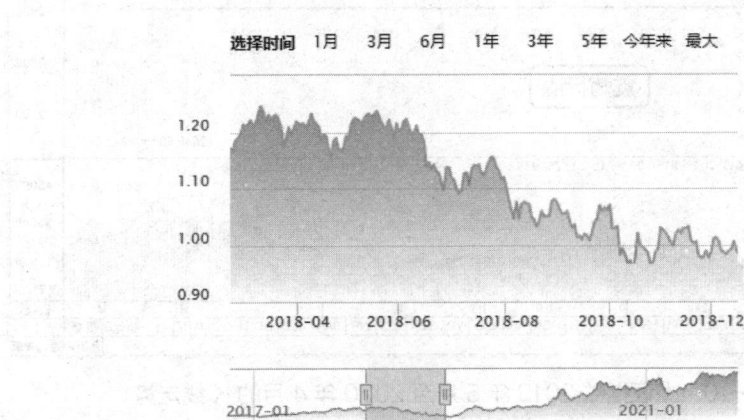

图 5-9 长信创新驱动股票基金净值走势

从图中可以看到，在这样的熊市背景下，基金市场也难以成长，长信创新驱动股票基金经过 2018 年 3 月至 5 月近两个月的挣扎后，6 月初转入下跌趋势之中，跌势迅猛，跌幅较大，基金净值从 1.20 元上方下跌至 1.00 元下方。

因为跌势比较凶猛，所以市场中难出现投资机会，投资者贸然入场不仅不会获利，反而可能遭受重大的经济损失。因此，在这样的行情之下，持币观望，待市场稳定后再入市更好。

除了牛市行情和熊市行情外，市场中还有一种行情——震荡行情。震荡行情中价格来回波动运行，是最适合做高抛低吸波段操作的。

实例分析

震荡市基金投资分析

图 5-10 所示为上证指数（000001）2019 年 5 月至 2020 年 4 月的 K 线走势。

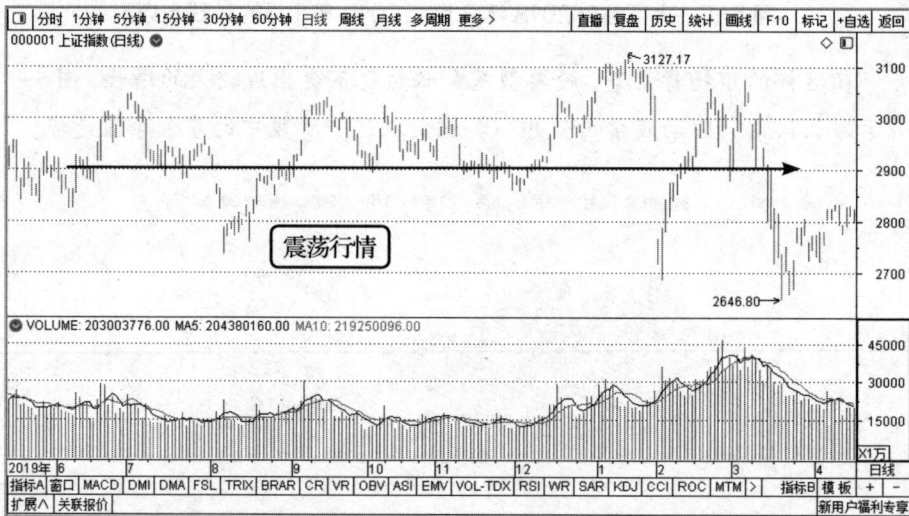

图 5-10　上证指数 2019 年 5 月至 2020 年 4 月的 K 线走势

从图中可以看到，上证指数在这一阶段中呈现震荡行情，指数在 2 700.00 至 3 100.00 区间横向窄幅波动，未来走势不明。

在震荡行情股市背景影响下，股票型基金也难以维持稳定的成长。此时的投资策略可以以波段操作为主，在基金净值出现明显上涨时买进，待涨势迟缓，出现明显下跌时立即卖出。

图 5-11 所示为鹏华中证 500 指数（LOF）A（160616）基金在这一阶段中的基金净值走势。

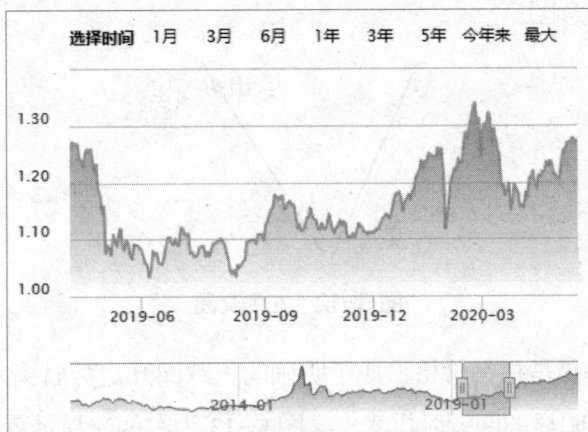

图 5-11　鹏华中证 500 指数（LOF）基金净值走势

从上图可以看到，该基金 2019 年 5 月表现下跌，基金净值从 1.20 元上方开始下跌。2019 年 6 月，基金净值跌至 1.00 元上方止跌，随后横盘波动运行。2019 年 8 月下旬，基金再次向上攀升，9 月上旬上涨至 1.17 元位置附近后止涨，再次下跌，这一轮跌势较缓，跌幅不深，跌至 1.10 元附近后止跌，再次向上攀升，且一举向上突破 1.20 元直逼 1.30 元。2020 年 3 月，基金净值达到 1.30 元上方后止涨再次下跌。

通过基金净值的走势可以发现，基金净值受到大盘市场行情的影响，呈现出震荡波动行情。虽然说这样的行情后市发展并不明朗，但是投资者只要抓住波段投资机会，同样可以在震荡行情中实现获利。

5.2.3　波段投资更适合右侧交易

左侧交易与右侧交易是投资中是比较常见的两种交易方法，有的人倾向于左侧交易，有的人则更习惯于右侧交易。在正确使用两种投资方法之前，投资者需要仔细了解左侧交易与右侧交易。

左侧交易是指在价格下跌过程中，还没有形成底部信号之前做出买入行为，等待价格上涨，还没有出现明显的价格回调时就立即卖出，图 5-12 为左侧交易示意图。

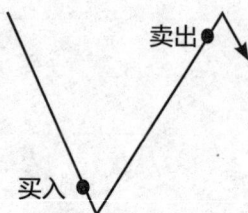

图 5-12　左侧交易

而右侧交易是指在价格形成了明确的止跌回升走势后买入，然后待价格上涨出现了明显的回调时再卖出，图 5-13 为右侧交易示意图。

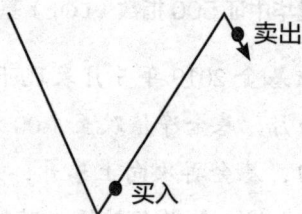

图 5-13　右侧交易

可以看到，左侧交易是逆势操作，人弃我取，人买我弃。而右侧交易是顺势操作，买进和卖出都是建立在明确的底部信号和顶部信号出现之后。

左侧交易与右侧交易的区别主要包括下面两点。

①右侧交易承担不确定性风险较小，时间成本低、交易成本高；左侧交易承担不确定性风险较大，时间成本高、交易成本低。

②右侧交易，右进右出，适合追涨杀跌者，属于趋势交易；左侧交易，左进左出，适合逃顶抄底者，属于主观交易。

由此可以看出，右侧交易更简单，也更容易实现，且对比左侧交易，右侧交易明显更客观、更理智。

波段投资策略的核心在于追涨，因为市场总是处于波动变化之中，投资者往往难以抓住波段变化的运行规律，所以投资活动应顺应趋势变化，更适合做右侧交易。在价格出现明显底部时买进，出现明显顶部时候卖出，更容易实现波段获利。

实例分析

右侧交易实现波段投资

图 5-14 所示为民生中证内地资源主题指数（690008）基金 2020 年 2 月至 2021 年 11 月的净值走势。

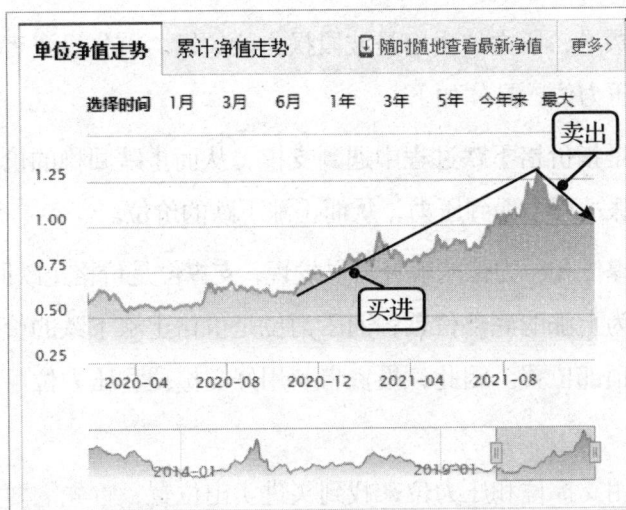

图 5-14　民生中证内地资源主题指数基金净值走势

从图中可以看到，前期该基金净值走势比较沉闷，很长时间都在 0.50 元上方小幅横盘波动。2020 年 7 月，基金虽然出现了小幅上涨，但是并未持续很长时间，上涨至 0.65 元附近后便止涨，再次横盘，说明该基金的行情尚不明确，此时不便介入。

2020 年 11 月，基金净值开始向上攀升，且斜度越来越大，说明基金由横盘行情转入上升行情中，此时投资者可以积极介入。

买进后，该基金震荡向上，基金净值不断向上攀升。2021 年 9 月，基金在突破 1.25 元后止涨并转入下跌趋势之中，基金净值不断下滑，快速跌破 1.10 元，此时可以判断基金转入下跌趋势，投资者应该立即离场。

投资者的这一番操作为典型的右侧交易，在基金出现明显的上升趋势后买进，后又在基金出现明显的下跌趋势后卖出。虽然这样的交易方式并不能使投资者买在最低位置、卖在最高位置，缩小了获利空间，但顺势而为的交易策略降低了投资风险，使投资者的投资更稳妥。

5.2.4　支撑位买进，压力位卖出

支撑位买进，压力位卖出是波段操作的关键。首先投资者要理解什么是支撑位和压力位，具体如下。

支撑位是指价格下跌过程中遇到支撑，从而止跌回稳的价位。压力位是指价格上涨过程中遇到压力，从而止涨下跌的价位。

根据支撑位和压力位的解释可以发现，支撑位是价格止跌回稳的价位，则极有可能为上涨的底部位置；而压力位是价格止涨下跌的价位，极有可能为上涨的顶部位置。因此，投资者利用好支撑位和压力位可以更好地进行波段操作。

想要利用支撑位和压力位来找到买进卖出位置，首先需要找到支撑位和压力位。这里就来介绍两个实用的寻找支撑位和压力位的方法。

（1）根据基金净值走势寻找

根据基金净值走势寻找指的是投资者可以查看基金的历史净值走势，找到前期的最高点和最低点，分别作为之后行情运行的阻力位置和支撑位置。后期价格上涨到最高点附近时容易受到阻力而止涨，价格下跌到最低点附近时也容易受到支撑而止跌。

实例分析

根据基金净值走势找阻力位

图 5-15 所示为招商移动互联网产业股票基金（001404）2020 年 4 月至 2021 年 4 月的净值走势。

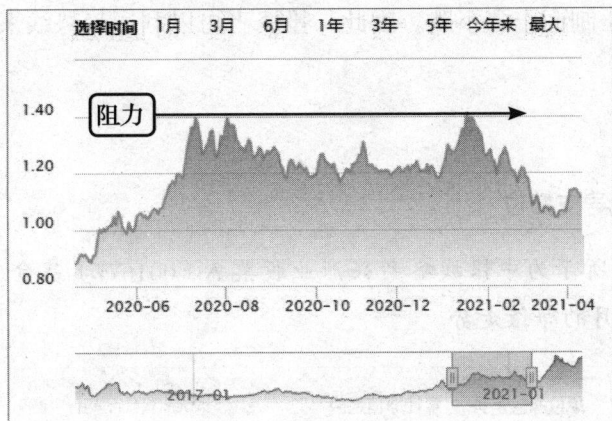

图 5-15　招商移动互联网产业股票基金净值走势

从上图可以看到，2020 年 4 月基金从 0.80 元附近开始向上攀升。2020 年 7 月中旬，基金净值上涨至 1.40 元价位线附近后止涨回调，横盘调整一段时间后再次上冲，但上涨至 1.40 元价位线附近后再次受阻下跌。说明 1.40 元位置阻力较大，基金在此位置受到的压力较大。

经过一段时间的横盘调整后，2020 年 12 月底基金再次上冲，上涨至 1.40 元位置后又受阻止涨，再次转入下跌趋势之中。

投资者经过前期两次的上冲至 1.40 元受阻下跌，就可以判断 1.40 元位置为阻力位，在 2020 年 12 月底基金再次上冲至 1.40 元位置附近时就可以提前离场。

（2）利用趋势线判断压力位和阻力位

趋势线是根据价格上下波动变化趋势绘制出的线。根据趋势线的方向进行划分，可以分为上升趋势线和下降趋势线。在上升趋势中，连接其中两个或两个以上较为明显的低点形成的直线就是上升趋势线；在下降趋势中，连接其中两个或两个以上较为明显的高点形成的直线就是下降趋势线。

上升趋势线对价格具有支撑作用，价格回调至上升趋势线上时会受到支撑止跌回升；下降趋势线对价格有压力作用，价格反弹至下降趋势线附近时会受到压制而止涨下跌。因此，投资者可以利用趋势线来找寻支撑位和阻力位。

实例分析

根据趋势线找寻支撑位

图 5-16 所示为中银战略新兴产业股票 A（001677）基金 2021 年 3 月至 2021 年 8 月的净值走势。

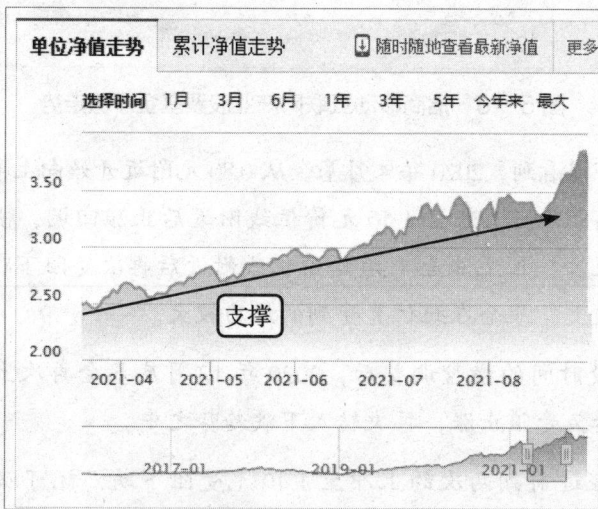

图 5-16　中银战略新兴产业股票 A 基金净值走势

从图中可以看到，2021 年 4 月初基金从 2.50 元位置开始向上波动攀升。2021 年 3 月～5 月这一阶段中，基金净值走势出现了两个明显的低点，连接两个低点绘制一条上升趋势线。

2021 年 4 月底，基金上涨至 2.80 元附近后止涨，5 月中旬基金回调至上升趋势线附近后受到支撑止跌企稳，转入上升走势中。由此说明了该条上升趋势线的有效性。

2021 年 6 月，基金再次止涨回调，6 月中旬回调至趋势线附近后止跌回升。从该基金后市的走势来看，基金多次回调至上升趋势线附近后获得支撑，止跌回升。如果投资者利用上升趋势线，可以准确找到支撑位，进而找到合适的买进位置做波段投资。

需要注意的是，在实际的运用中，阻力和支撑是可以相互转换的。也就是说，如果一个重要的压力位被有效突破后，那么该压力位就可能转为未来走势的重要支撑位；相反地，如果重要支撑位被有效跌破后，那么该支撑位也可能变为后市价格上涨的重要阻力位。

实例分析

阻力位变为支撑位

图 5-17 所示为中融竞争优势（003145）基金 2020 年 3 月至 2021 年 8 月的净值走势。

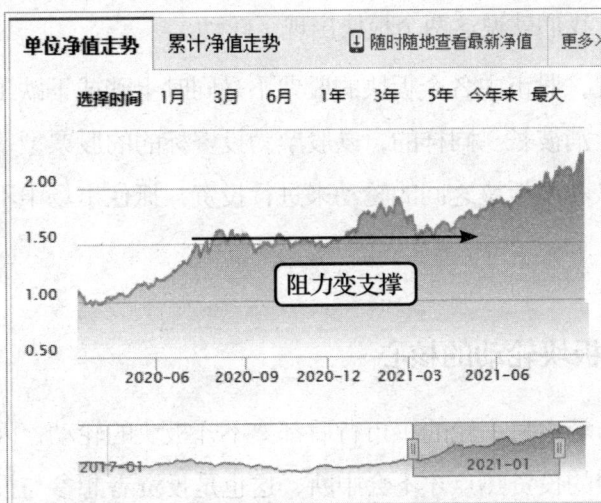

图 5-17　中融竞争优势基金净值走势

从图中可以看到，中融竞争优势基金前期处于上升趋势之中，基金净值上涨至 1.57 元附近后止涨，随后横盘窄幅波动了 4 个月之久。2021 年 12 月基金再次向上拉升，并向上突破 1.57 元后继续向上，上冲至 1.90 元附近后止涨下跌，但基金下跌至前期阻力位 1.57 元附近后获得支撑止跌，短暂横盘一段后又转入上升趋势之中，继续向上攀升。

由此可以看到，图中的阻力发生了转换，1.57 元的阻力位被有效突破后，该压力位转为支撑位，支撑基金净值止跌反弹。

5.3 根据轮动策略做投资

轮动最早出现于股市之中，即股市中的股票板块轮动，具体是指股票的板块与板块之间轮动转换，从而使得整个股市整体上扬。简单理解，就是一段时间内某一个板块的个股表现上升，并带领大盘上涨，而之后一段时间，该板块出现沉寂，甚至下跌，另外一个板块的股票又表现上涨并带动大盘上涨。我们就说这两个板块出现了轮动。

也就是说，股市中各个板块的股票不是同时上涨或下跌了，而是以轮动的规律，此消彼长。同样的，以股票为投资标的的股票型基金也遵循轮动效应，可以利用板块之间的轮动来进行投资，抓住市场中不同板块上涨的机会。

5.3.1 理解板块轮动的核心

要知道市场中每一轮的牛市背后都离不开板块的轮动，因为只有板块轮动，市场中的投资热点才不会中断，这也是投资者想参与投资追逐热点的前提条件。例如，某一段时间市场追逐医疗板块个股，医疗股疯涨，但某一段时间市场又扎堆追涨新能源板块。

通常情况下，市场中各板块之间存在一种相互影响、此消彼长的轮动关系。投资者如果能找到市场中板块轮动的规律，就能及时追涨逐利。

但是在实际的投资过程中，想要精准地找到板块轮动的规律是比较困难的，因为板块轮动比较难以琢磨，并具有以下特点。

①板块的轮动受到国家和行业发展情况的影响较大，不同的政策、不同的发展需求，以及主力机构对市场和政策的预测等都会影响板块轮动。例如，国家提出新能源战略，使得新能源板块活跃。正是基于这些原因，使得板块不会出现顺序轮动的现象。

②不同板块轮动除了启动时间不同之外，其持续能力也不同。通常来看，率先启动的板块，其持续的时间会更长，反弹动力也比较大。后启动的板块持续时间和力度相比先启动的板块会更弱。

③板块轮动的时间有效性，在轮动出现初期投资者参与越早越有利，进入轮动的后期，投资者的投资难度逐渐加大。

④板块轮动存在传导现象，即热点板块在上升阶段会出现明显的传导，带动其他板块表现活跃。比较常见的是房地产板块的持续升温会带动建材、钢铁等板块的活跃。

⑤当行情处于涨升阶段，市场的热点会比较集中，增量资金也多汇集在几个重点板块，从而带动市场人气，吸引更多资金，推动行情进一步发展。

那是不是就意味着投资者无法找到市场中的轮动板块了呢？

当然不是，其实找寻市场中的轮动板块有一个比较简单的方法。打开行情炒股软件，找到大盘涨幅榜前列，一般来说某一个板块在涨幅榜中出现 3 只以上的股票，或者当天 3 只以上股票全部底部放量上攻，就说明这个板块可能是热点板块。

5.3.2　基金二八轮动策略

在理解了轮动策略的轮动核心之后，我们就可以将其运用到股票型基金投资中了，股票型基金投资比较常用的轮动策略是二八轮动。

二八轮动中的"二"表示 20% 的大盘权重股，"八"表示占比 80% 的中小盘股，也就是说，二八轮动实际上是大盘股和中小盘股之间不断切换，轮流持有。当大盘股开始上涨时买进大盘基金，中小盘股开始上涨时买进中小盘股。

通常情况下，占比 20% 的大盘股都会选择沪深 300 指数，而占比 80% 的中小盘股则是选择中证 500 指数，理由是这两个指数可以分别表示大盘股的整体走势和小盘股的整体走势。

图 5-18 所示为沪深 300 指数和中证 500 指数 2020 年 7 月至 2021 年 11 月的 K 线走势。

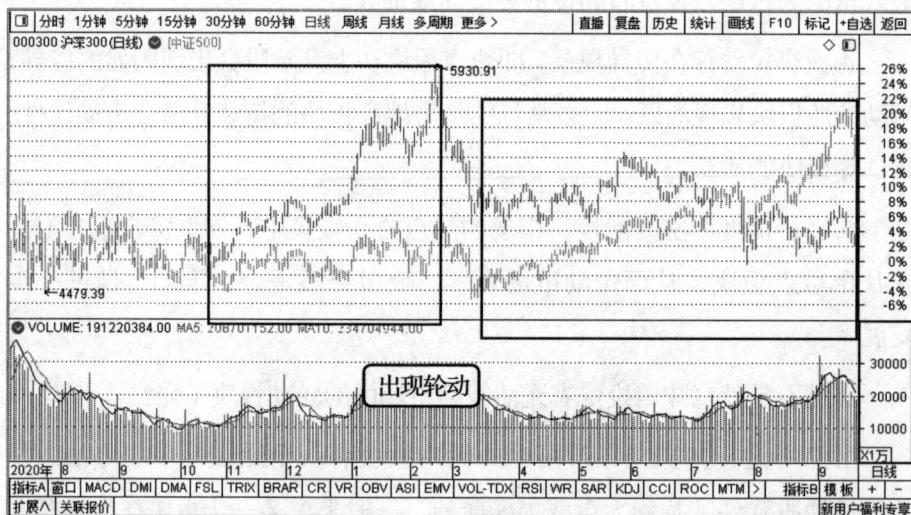

图 5-18　沪深 300 指数和中证 500 指数 2020 年 7 月至 2021 年 9 月的 K 线走势

从上图两个指数的走势比较可以看到，沪深 300 和中证 500 两个指数之间存在轮动。2020 年 11 月至 2021 年 2 月中旬这一阶段中，沪深 300 指数表现活跃，指数不断向上攀升，最高上涨至 5 930.91；反观这一阶段中的中证 500 指数，发现中证 500 走势沉闷，表现横盘窄幅波动。

到了 2021 年 3 月上旬，沪深 300 指数在 5 300.00 点上下横盘波动运行一段时间后转入下跌趋势之中，最低跌至 4 700.00 附近。反观这一阶段的中证 500 指数发现，2021 年 3 月上旬，中证 500 结束横盘走势转入上升趋势之中，指数向上震荡攀升，最高上涨至 7 680.00 点附近。

因此，如果投资者能够抓住 2020 年 11 月至 2021 年 9 月这一阶段大盘和中小盘的轮动，必然可以获得不错的投资回报。

具体的二八轮动策略操作方法：投资者可以在每日收盘后将当日收盘的沪深 300 指数和中证 500 指数数据与二十个交易日前的收盘数据进行对比，选择涨幅较高的一方，并在下一个交易日时选择持有该指数对应的指数基金。

但是如果发现不管是大盘指数，还是中小盘指数都处于弱势时，投资者就不应匆忙入市，而应持币观望，等市场出现明显的轮动后再决定投资操作。

5.3.3　从行业轮动角度投资

除了大盘和中小盘之间存在轮动之外，不同的行业之间也存在轮动，具体表现为行业指数呈现有规律的此起彼伏现象。行业间出现轮动的原因主要有以下几点。

（1）行业周期

行业存在成长周期，即初创期、成长期、成熟期和衰退期，通常行业会按照这个周期运行。

初创期阶段。在这个阶段行业刚刚起步，风险高、收益小。

成长期阶段。经过初创期的发展后，行业开始进入成长期，在这一阶段风险高、收益高。

成熟期阶段。经过成长期的积累，行业进入成熟期，此时企业普遍得到发展，呈现出风险低、收益高的特点。

衰退期阶段。经过成熟期的发展后，开始进入衰退期，发展滞后，此时的企业呈现出风险低、收益低的特点。

在一段时间内，不同的行业会处于不同的行业周期，所以从时间维度上看会呈现出行业轮动的现象。

（2）从产业链角度看轮动

根据不同行业之间关系，参考招商证券的研报，我们将产业链分为上游、中游、下游。上游行业一般指的是资源、原料等，例如石油、煤炭、有色金属等；中游行业指的是制造业，例如化工、钢铁、电机等；下游行业指的是与消费直接相关的行业，例如家具制造业、纺织服装制造业、通信设备及计算机等行业。

处于不同上下游的行业有着明显的不同的盈利周期，且盈利的弹性不同，所以导致每个行业表现存在着自己的特性，这就促使行业之间形成了轮动。

（3）国家政策

国家政策对资本市场有重大的影响。在我国，每年的财政政策和货币政策都是市场关注的焦点，不同政策会释放出不同的市场信息，给市场带来较大的影响和变化。例如，当政策释放出下调利率的信号时，就为资金需求量大、项目周期长的行业缓解了压力，带来利好消息，例如房地产行业，那么相应的，该行业就会出现轮动。

了解了行业轮动之后，如何在基金市场中选择主题基金呢？在实际的投资中，投资者可以发现市场中的热点主题切换比较频繁，行业主题难以寻找。有关这一问题，需要投资者多注意财经新闻，及时了解市场动向。

5.4　打新基金低风险投资

炒股投资可以打新股，不仅费用低，风险也低，收益还特别高。但是，股市一签难求，上到机构，下到个人投资者，都想分一杯"打新"的羹，普通投资者常常难以抢到。那是不是我们就没有机会了呢？

其实，还可以借助基金的持仓金额和基金经理的投资经验来帮我们打新，也就是打新基金。下面就来看看这究竟是怎么一回事儿。

5.4.1　理解什么是打新基金

在购买基金时，常常会看到打新基金这个名词，但是很多新手投资者却不知道打新基金是什么，它实际上指的是一种投资概念。

打新基金从字面上来理解就是指资金用于打新股的基金。打新基金在新股发行之际，以新股为投资标的，专职打新股。要知道，新股上市发行时会给投资者带来较大的利润空间，且风险较低，所以吸引了众多的大小投资者的目光。

但是投资者凭借个人的力量打新股是比较困难的，因为打新的方式主要包括 3 种。

◆　网上打新

网上打新采用的是抽签的方式，个人和机构投资者都可以参与。例如某公司发行 10 000 股新股，融资 10.00 万元，申购资金达到了 1 000.00 万元（每股 10.00 元，100 万股）。此时，每 1 000 股为 1 个单位即"一签"，

100 万股分成 1 000 签，每个签分配一个号叫作配号。一般在申购日后的第 2 个交易日摇号，摇出 10 个号，即为中签的 10 000 股。

网上打新是个人投资者最容易参与的打新方式，但是因为人多签少，所以中签率较低。其次，不管是主板还是科创板，对个人投资者的打新底仓都有不同的要求，例如科创板的开户要求是资产 50.00 万元和两年投资经验。这也给个人投资者带来了难度。

◆ 网下打新

网下打新是采取配售制度，投资者被分为 ABC 三类，A 类（公募、社保等）、B 类（财务公司、信托、私募等）、C 类（私募、个人、其他）的获配比例 A>B>C，根据相关规定，新股会优先向公募、社保基金、养老金、企业年金、保险资金等机构配售。A、B、C 的具体分配比例由主承销的券商自行决定，但还是需要保证 A 类投资者的获配数量。

个人投资者属于网上配售，属于 C 类投资者，获配比例较低。而机构一般属于 A 类和 B 类，获配比例较高。

◆ 战略配售

战略配售的方式要求最高，需要对配售的份额锁定 12 个月。战略配售基金是可以通过这个方式进行打新，确定性也最高，但是战略配售基金都会设定 2 ～ 3 年的封闭期，为了匹配战略配售份额锁定 12 个月的流动性问题。

可以看到，个人投资者想要直接打新股获利是比较困难的，此时投资者可以转换角度，投资打新基金同样可以分享新股申购的利润。

根据基金的投资方向不同，基金分为了很多类型，但是要明确的是，这些类型中的打新基金只是其中的一个大概念，即打新并不是某一只基金独有的操作，而是一种投资策略，只要具备一定的股票底仓和现金就可以参与打新。

目前，市场中比较常见的基金打新策略有以下两种。

①"固收＋打新"这种策略只维持打新最低的底仓要求，剩下的资金主要买债券，包括偏债型混合基金和混合债基中的打新基金。这种类型的基金波动比较小，收益也比较稳定，比较适合保守型的投资者。

②"股票＋打新"这种策略中股票仓位比较高，例如灵活配置型基金、主动股票型基金以及指数增强型基金。这类基金风险波动也比较大，对应的收益空间也更大，适合风险承受能力较高的投资者。

当然，并不是所有的打新基金都能打到所有的新股，这与基金经理和基金公司的管理有关。而且即便基金打新成功也不代表基金一定会大涨，有一些基金即便打中新股带来了收益，但是基金的整体收益并不高。因为基金除了打新之外还做了别的投资，如果其他部分的投资收益较低，则会抵消掉打新的收益，或者是基金规模太大，也会稀释掉打新的收益。因此，投资者在选择打新基金时要客观看待，不能仅以打新来判断基金的收益，还是要以基金的历史业绩表现情况作为判断依据。

5.4.2　打新基金怎么去买

投资者想要做打新基金投资，首先就要学会从市场中找到打新基金，因为市场中的任何基金都可能打新，且通常不会在基金名称中体现出来，所以如果只是单纯地从基金名称来判断是不现实的。

这里介绍一个比较实用的购买打新基金的方法，可以帮助投资者快速找到打新基金。

实例分析

天天基金网购买打新基金

打开天天基金网官网进入首页，在"基金数据"栏单击右侧"更多"超链接，如图 5-19 所示。

图 5-19　单击"更多"超链接

进入基金净值页面，在左侧项目栏中单击"打新股基金"后的"＋"按钮，在下方展开的菜单列表中选择"已获配基金一览"选项，如图 5-20 所示。

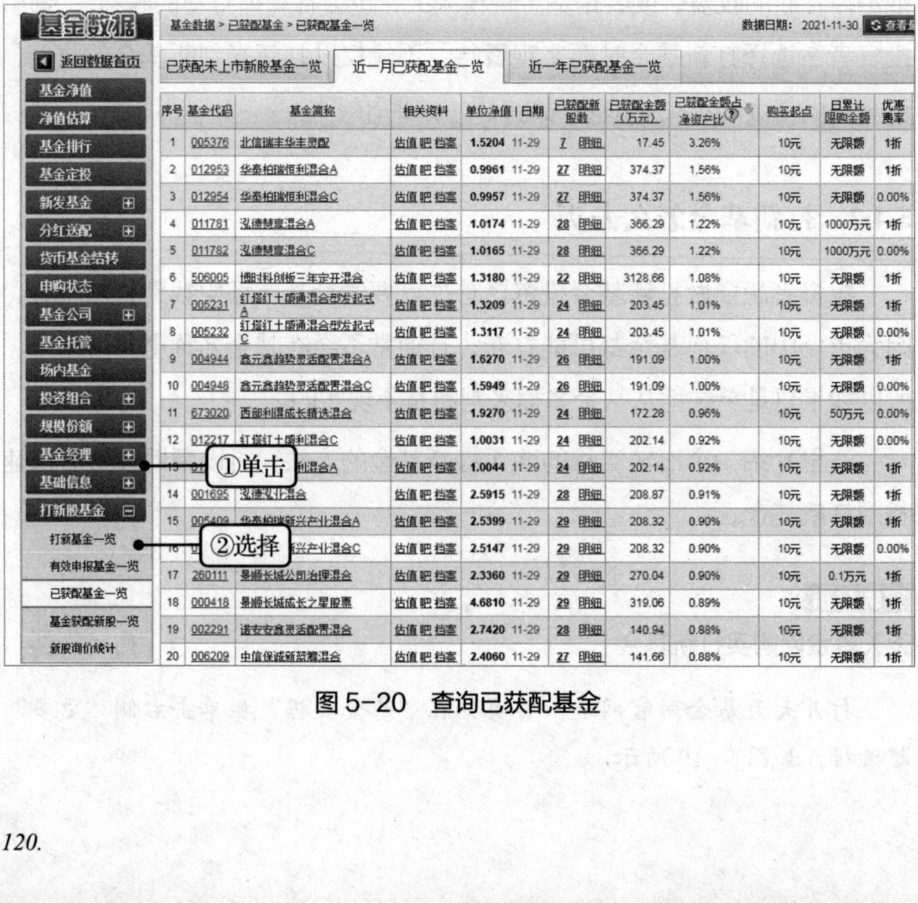

图 5-20　查询已获配基金

从上图可以看到，右侧页面跳转至"已获配基金/近一月已获配基金一览"界面，在该界面中可以看到已经获配的打新基金列表，在"已获配新股数"列中可以看到该基金的新股获配数。如果基金获配新股的个数越多，说明该基金打新越积极，打新的专注度也越高。

此外，在该页面除了可查看近1月已获配的打新基金外，还可查看已获配未上市新股基金和近一年已获配基金，帮助投资者做参考筛选。

5.4.3 如何挑选打新基金

从前面的内容可以看到，市场中的打新基金数量也非常多。面对琳琅满目的打新基金，投资者需要掌握一定的筛选方法，选择优质的打新基金进行投资。

在筛选时，投资者可以从打新基金的规模、报价能力和股票投资比例等方面来综合考虑。

（1）打新基金的规模

基金机构打新，如果规模较大，那么打新的收益率可能会被稀释，分摊到投资者头上的收益较少；如果规模过小，则底仓规模可能到不了打新的门槛。

此外，监管机构要求产品的申购规模不得大于产品本身的净资产规模，因此净资产规模过小的基金将达不到网下可申购规模的上限（也就是顶格申购规模）。

所以，如果是股票仓位占比 80% 以上的基金，2.00 亿～ 4.00 亿元即可；如果是股票仓位占比 50% 左右的基金，3.00 亿～ 5.00 亿元即可；如果是股票仓位占比 30% 以内的基金，则必须超过 4.00 亿元，且控制在10.00 亿元之内，这样的规模比较适中。

（2）报价能力

按照相关规定要求，提供有效报价的基金才可参与新股申购。其中，有效报价指的是网下投资者申报的价格不得低于主承销商和发行人确定的发行价或者发行价格区间下限，而且未作为最高报价部分剔除。

所以，选择报价能力优秀的基金是关键的第一步。获配市值占比会直接影响打新收益，这一指标需要持续跟踪每只新股的网下配售机构获配情况。如果某只基金在过去新股报价中，经常由于报价过低或者报价畸高被剔除，无法提供有效报价，它的长期获配新股的能力将会大打折扣。

（3）规模和股票仓位占比

前面我们提到过，打新基金有两种模式：一种是风险较低、收益稳定的偏债型的打新基金；一种是风险较高、收益较高，股票占比较高的打新基金。投资者在选择打新基金时要根据自己的风险承受能力来选择匹配的基金类型。

第6章

搭建基金组合降低投资风险

虽然任何投资都无法完全规避风险，但是我们可以想办法尽可能地去降低风险，基金组合投资就是其中比较有效的一种降低风险的方式。比起单一的股票基金投资，组合式的基金投资显然风险更低，获胜的概率更高。

- 集中投资还是分散投资
- 组合投资讲究正确的分散
- 基金组合投资如何实现
- 制定一个清晰明确的目标
- 确定股票型基金的仓位

6.1 组合投资使风险由聚集变分散

对于投资，除了收益之外，投资者最需要考虑的就是风险，想办法将投资风险降到最低是其主要目的。而基金组合投资将资金分散至不同的基金上，使原本聚集的风险分散开来，实现了风险的降低。

6.1.1 集中投资还是分散投资

集中投资还是分散投资，一直都是很多投资者争论不下的话题，我们先来对比两种投资方式的优劣势，具体如表 6-1 所示。

表 6-1 集中投资与分散投资的比较

项 目	集中投资	分散投资
管理精力	投资的基金数量较少，方便管理，节省时间	投资的基金数量较多，管理难度更大
投资成本	基金数量少，基金申购、赎回成本更低	基金数量多，基金申购、赎回成本更高
投资风险	资金比较集中，风险更大，稍有不慎可能满盘皆输	资金比较分散，风险相对更低
投资收益	收益空间相对更大	收益空间相对更小
投资经验	对投资者的要求较高，需要具备精准的眼光，以及对市场准确的判断	相对于集中投资来说，对投资者的要求更低，大概率不会出现满盘皆输的情况

根据上述表格内容可以看到，集中投资和分散投资各有优劣，它们各有所长，适合不同类型的投资者。投资者在选择时需要结合自身的收入情况、年龄、投资经验、资产情况以及抗风险能力来做综合判断。

对于大部分缺乏充足投资经验且市场洞察力也一般的投资者来说，他们往往无法精准地发现市场中的经济动向，所以适当地借助基金组合做分散投资更好，可以降低投资风险。

　　但是，市场中有一类投资者，他们对某个行业会有着深入的了解，并且对该行业的特征、走向都了如指掌，换句话说就是掌握了这个行业的市场规律，那么该类投资者就比较适合集中投资，如果做分散投资，反而会缩小其收益空间。

6.1.2　组合投资讲究正确的分散

　　很多人虽然有组合投资、分散风险的意识，但是他们的基金组合却并没有真正意义上起到降低风险的作用。这是为什么呢？

　　因为有的投资者认为组合投资就是单纯地将资金分散到不同的基金上，但实际上这样盲目的分散是没有意义的，例如将资金分散到同一行业的不同股票基金中，一旦该行业的行情走低，所有基金便都会遭受损失。那么，这样的错误资金分散便不能起到降低风险的作用。

　　因此，组合投资要讲求正确的分散。在做基金组合分散时要明白分散的本质是希望持仓的基金之间收益率相关性更低，如此，一旦某部分的基金出现下跌，另外的基金则可以不跌或跌得少，从而使整个基金组合不至于出现较大程度的亏损。

　　基金组合的具体分散方法如下。

　　（1）种类分散

　　通过前面的学习了解，我们知道市场中的基金根据其投资对象的不同分为多种类型，不同类型的基金具有的投资风险是不同的，想要基金组合能够实现稳定投资，那么基金资产需要在基金种类中进行分散。

　　根据基金投资风险的高低将基金分为低风险型基金、中风险型基金和高风险型基金。低风险和中风险基金可用于平衡组合，使组合不至于遭受重大的损失，而高风险基金能为组合谋求更高的收益空间。

（2）风格分散

通常我们会利用基金风格九宫格来对基金的风格进行判断，图 6-1 所示为天弘中证光伏产业指数 C（011103）基金的投资风格。

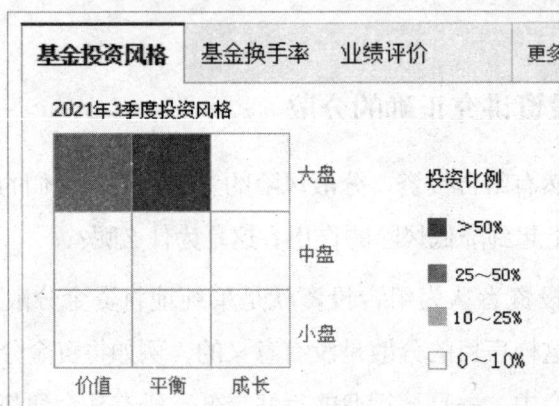

图 6-1　天弘中证光伏产业指数 C 基金风格

从图中可以看到，天弘中证光伏产业指数 C 基金的风格属于大盘偏平衡。在做基金组合投资时选择的基金风格差异越大，风险分散的效果也就越好。

（3）行业分散

在基金组合投资中还需要重点注意基金的行业分散情况，避免持仓基金都分布在少数几个行业上，以免某一行业行情走衰而给自己带来较大的经济损失。

除了前面提到的 3 个方法外，在投资策略、基金经理、基金公司以及入场时间等方面都可以进行适当的分散，以在不同程度上起到降低风险的作用。

6.1.3　基金组合投资如何实现

基金组合虽然看起来比较简单，就是将不同类型的基金混合搭配，争取最佳的投资回报，同时又降低投资风险，但是真正操作时，很多投资者却又不知道如何下手。

那么应该怎么进行基金组合呢？

（1）购买组合基金产品

购买组合基金产品是最简单的基金组合投资法。为了迎合市场中想要组合投资的投资者的需要，很多基金公司或基金销售平台设计了一些基金组合产品。这些产品在设计之初已经对不同风格的基金进行了组合搭配，组合内的基金可能来自一家基金公司，也可能来自不同的基金公司。

投资者可以根据自己的风险承受能力选择与自己相配的组合基金产品，一般组合基金产品也分为保守型、稳健型和激进型。

购买组合基金产品非常简便，不用投资者自己费心搭配，但是投资者需要在基金管理费的基础上另外支付一定的服务费，服务费通常会按照基金预期收益的一定比例收取。

许多基金平台都有提供组合基金产品这项服务，例如支付宝、天天基金网等。

（2）参考其他投资者的意见

在许多投资软件的交流平台常常会看到一些投资经验比较丰富的投资者在平台上分享自己的投资经验，或是分享自己的基金组合。因此，投资者可以在平时多关注一些经验丰富的投资者，在他们发出基金组合时，把他们的基金组合作为自己搭建基金组合的参考。

图 6-2 所示为雪球 App 中某投资者在交流平台发布的自己的基金组合帖子。

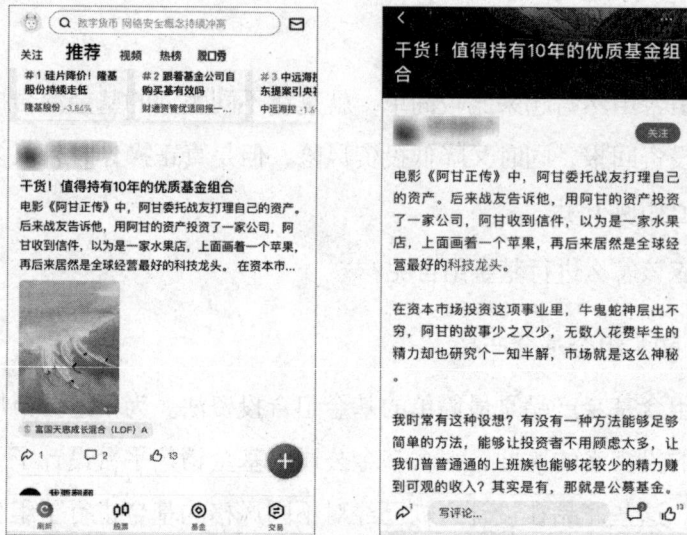

图 6-2　基金组合分享帖子

但需要注意的是，在这些平台中分享的投资者质量参差不齐，我们在参考时还是要结合自己的实际投资情况，以及自己对未来市场的分析，切不可盲目跟随。

（3）自己构建基金组合

自己构建基金组合就是指投资者自己根据投资目标，自行选择多只不同风格的基金进行组合搭配。这对投资者的能力有一定的要求，但主动性更强，投资者自己可以更好地把握。

自行构建基金组合时要注意以下两个问题。

组合中的基金数量问题。虽然基金数量多，可以更好地实现风险分散，但是如果基金数量过多又会增大基金管理的难度，造成基金管理困难。而基金数量过少，组合投资的效果又不明显，还会增加收益波动的风险。因此，组合基金中的基金数量一般在 5 只左右比较好。

基金搭配时考虑基金的类型。根据前面的介绍，投资者尤其要注意组合中基金的分散问题，利用不同类型基金的特点进行搭配，确保基金组合内的基金不会出现齐涨齐跌的情况。

3 种不同的基金组合购买方式，对投资者有不同的要求，投资者可以根据自己的实际情况来选择。

6.2　个人投资者如何创建基金组合

在上一节内容中，我们介绍了个人投资者自己构建基金组合，这是最难的一种基金组合购买方式，但是搭建出来的基金组合往往又是最适合自己的。因此，本节将重点介绍个人投资者如何自行构建一个适合自己的基金组合。

6.2.1　制定一个清晰明确的目标

投资目标在投资中占据重要作用，一个清晰的目标可以指引投资者做出正确的投资决策。

投资目标指的是投资者希望通过投资达到的结果。不同的投资者有不同的投资目标，而不同的投资目标又决定了投资对象和投资方式。因此，任何一个投资，投资者都需要明确自己想要从投资中实现什么。

注意，制定投资目标时，切记不要制定一些模糊不清、没有实际意义的无效目标，例如想要通过此次投资实现资产的翻倍。这一类的投资目标不能对投资起到任何的指导意义。

我们在制定投资目标时应该遵循 SMART 原则，从 5 个维度来进行考虑，具体如下。

S-Specific 明确的。要求我们设定的目标必须是明确的、具体的。

M-Measurable 可衡量的。要求目标必须是可以衡量的、可观测的，即如何来判断我们制定的目标实现了没有，这就要求制定的目标必须是客观的，而非主观的。

A-Attainable 可达到的。要求制定的目标具有现实性，即通过努力可能会实现，而非异想天开。

R-Relevant 现实的。设定的目标应该是实实在在的，有具体数据的。

T-Time-based 时效性。要求设定目标应该有明确的截止期限。

了解了投资目标的制定原则之后就可以开始制定目标了。根据设定的投资目标期限的不同，可以将其分为短期目标、中期目标和长期目标。短期目标通常指投资期限在一年以内的目标；中期目标指投资期限在 1 ～ 2 年的目标；长期目标指投资期限在两年以上的目标。

一般来说，短期目标比较多，主要以消费性需求的目标为主，例如买车、旅游或者是购物等；中期目标更多的是子女教育费、买房等；长期目标主要是个人养老。

6.2.2　确定股票型基金的仓位

基金的类型有很多，但是投资者要清楚一点，想要提高基金组合的投资收益就必须依靠以股票为投资标的的股票型基金。股票型基金在基金组合中占比越大，投资收益空间也就越大，投资者承担的风险也就越大。因此，基金组合中股票型基金的仓位比例大小直接影响基金组合的收益与风险。

在确定基金组合比例之前，需要了解市场中各类基金的风险比较情况，以及各自在组合中的作用，具体如表 6-2 所示。

表6-2 各类基金的风险比较

名 称	风 险 性
主动型股票基金	主动型股票基金是所有基金类型中风险最高的一种，因为基金中80%的资产直接投资于股票，且受人为干预较多，所以导致它的风险和收益是所有基金中最高的
混合型基金	混合型基金的风险也非常高，仅次于股票型基金。因为混合型基金也属于主动型基金，受到人为影响较大，但因为混合型基金中的股票占比小于股票型基金，所以它的风险略低于股票型基金。混合型基金中也有风险更低的混合型偏债基金
指数型股票基金	指数型股票基金是以某一目标指数为标的进行追踪，被动投资管理的基金，因为它追求的是市场平均收益，所以尽管它的投资对象都是股票，但因为受到人为影响较小，所以它的风险和收益相比混合型偏股基金和股票型基金来说更低
债券型基金	债券型基金因为主要投资对象为非常稳定的国债、金融债等固收类金融产品，只有部分债券基金会少量投资股票市场，所以债券型基金整体表现比较稳定，风险和收益都较低
货币型基金	货币型基金主要投资货币市场工具，例如定期存款、短期融资券以及大额存单等，所以它的安全性非常强，灵活性高，是厌恶风险的投资者的首选

从表格内容可以看到，各类基金的风险排列为：股票型基金（主动型 > 被动指数型）> 混合型基金（偏股 > 偏债）> 债券型基金 > 货币型基金。各类基金的收益排列为：股票型基金 > 混合型基金 > 债券型基金 > 货币型基金。

所以，它们各自的风险和收益特点，使得它们在基金组合中起到不同的作用。主动型股票基金、混合型偏股基金和指数型股票基金风险较高，收益较大，在基金组合中起到为组合争取收益空间，将收益最大化的作用；债券型基金则主要在基金组合中起到平衡组合搭配的作用，以规避市场波动风险；货币型基金安全性强，在基金组合中可以保证资金的流动性和安全性。

　　了解了不同类型基金的风险收益特点之后，就可以开始确定基金组合中各自的比例了。因为不同投资者的投资风险偏好不同，所以基金组合中配置的比例也不同。这里介绍几种比较经典的投资者类型，以及他们的投资比例配置。

　　根据投资者承受风险能力的不同，我们可以将其分为积极型投资者、稳健型投资者和保守型投资者，他们各自在基金组合中的资金占比情况如下所示。

（1）积极型投资者

　　积极型投资者从名称上可以看出，指的是对投资比较热衷，比较激进的一类投资者。这一类投资者在投资中尤其注重获得丰厚的回报，所以相较于风险，他们更看重未来可能获益的空间，对一些收益较低的投资不感兴趣。

　　但是这类投资者并不是单纯地青睐高风险、高收益的投资，而是他们的投资时间比较长，投资经验比较丰富，对于投资风险能够很好地把控，所以这样一来，他们更愿意做积极的、回报更高的、高风险的投资。

　　对于这类投资者，可以按照1:2:7的比例购买货币型、债券型、股票型基金，图6-3所示为基金组合仓位比例图。

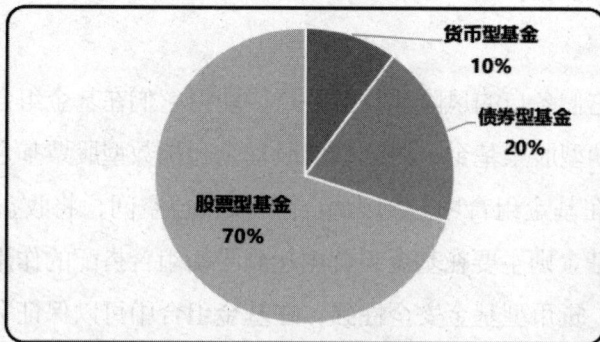

图6-3　积极型投资者基金组合仓位比例（一）

更激进一点的投资者，可以以 2∶8 的比例配置债券型和股票型基金，进一步提高基金组合的获利空间，图 6-4 所示为基金组合仓位比例图。

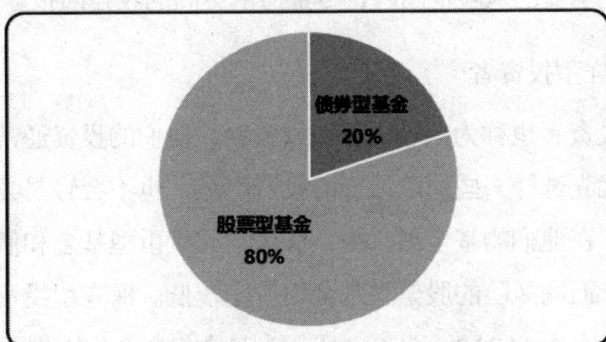

图 6-4　积极型投资者基金组合仓位比例（二）

尽管积极型投资者承受的风险较高，但是考虑到市场中仍然存在着较多的不确定因素，所以股票型基金这类高风险的投资比例一般会控制在 70% 及以内，超出的话，如果遇到熊市行情，则容易使自己陷入困境之中。

（2）稳健型投资者

对于这类投资者来说，他们的基金组合资金占比通常为 2∶3∶5，图 6-5 所示为基金组合仓位比例图。

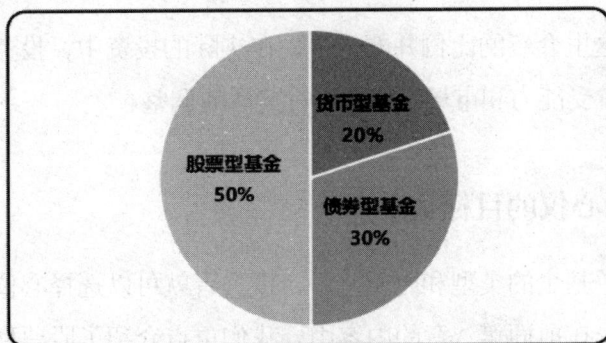

图 6-5　稳健型投资者基金组合仓位比例

稳健型投资者相较于积极型投资者来说，投资态度明显更理性一些。虽然也具有一定的风险承受能力，但他们的风险承受能力更弱一些，所以更希望在可能承受的风险范围内，尽量追求更高的收益回报。

（3）保守型投资者

保守型投资者也称为风险厌恶型投资者，他们的投资通常以安全为首要原则，会优先选择一些风险很低的投资产品，也不会轻易尝试高风险的产品。所以，在他们的基金组合中，低风险的货币型基金和债券型基金通常占比很大，而高风险的股票型基金则占比较低。保守型投资者比较常见的基金组合占比为 1:7:2，图 6-6 所示为基金组合仓位比例图。

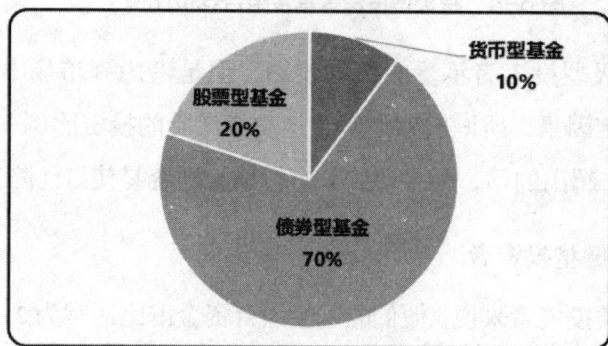

图 6-6　保守型投资者基金组合仓位比例

当然，这里介绍的比例并非绝对，在实际的投资中，投资者可以结合自身的风险承受能力和市场行情等进行灵活的调整。

6.2.3　选择心仪的目标基金

在确定了基金的类型和比例之后，投资者就可以选择心仪的目标基金进行投资了。在前面第 2 章的内容中，我们重点介绍了股票型基金的选择方法，所以这里不再复述股票型基金的选择，而是重点介绍债券型基金和货币型基金的选择法。

（1）筛选稳健的债券型基金

选择债券型基金时，可以从风险的角度进行筛选。虽然从概念上来看，基金资产中 80% 的资金投资于债券的基金就是债券型基金，但是投资方向以及投资方法的不同，也会使不同的债券型基金具备不同的投资风险。

根据投资方向进行划分，债券型基金可以分为纯债基金、混合债券基金。纯债基金指的是基金资产 100% 投资债券，不投资股票的基金，这类基金波动比较小，收益比较稳定。而混合债券基金指的是 80% 的资金投资债券，剩余的 20% 投资股票的基金。所以，明显可以看出纯债基金的风险更小，混合债券基金风险更高。

混合债券基金因为其投资方式的不同，又分为主动型偏债基金和被动型偏债基金。区别在于，主动型偏债基金是由基金经理主动管理股票部分的投资操作，而被动型偏债基金则是追踪目标指数被动投资，寻求市场平均收益。所以，主动型债券基金风险相对更大，被动型债券基金风险相对更小。

（2）选择货币基金

说起货币基金，很多投资者第一反应便是"余额宝"，但是除了余额宝之外，市场中还有很多货币基金，我们需要懂得如何从众多的货币基金中筛选靠谱的货币基金，可以从以下 3 点入手。

成立时间。基金成立的时间越长，说明货币基金越稳定，在选择时应尽量选择成立时间在 3 年以上的基金。

收益率情况。不管是货币基金还是股票基金，收益率都是重要的参考指标，选择收益率更高的基金，可以给自己带来更高的收益回报。货币基金中有两个收益率参考指标：一是 7 日年化收益率，也就是将 7 日内的平均收益转化成一年的收益率；二是每万份收益率，指每一万份基金份额可在当日获得的收益。它们都是货币基金的业绩参考指标，由于 7 日年化收益率是一种短期对长期的估计，所以会受短期的某次高收益或低收益的影响，投资者在参考这项指标时要关注其历史趋势。

查看基金的流动性。货币基金的流动性在基金组合中具有重要作用，如果货币基金可以随取随用，就可以大幅提升基金组合中资金的灵活性。

此外，在购买货币基金时还要注意一个小技巧，因为货币基金的收益是从交易确认日开始计算的，所以如果投资者周五申购货币基金，就要等到下周一才能确认并计算收益，这样一来投资者就无法享受周六、周日的收益。投资者在进行交易时要注意这一点，最好提前购入，以避免损失周末两天的收益。

6.2.4 基金组合并非一劳永逸而要注意调整

基金组合搭建完成之后，有的投资者就单纯地认为，只要定时查看基金组合的投资收益情况就可以了。显然这种想法是错误的。

因为市场永远处于波动变化之中，所以基金组合中的基金也会出现不同程度的变化，一旦与自己设立之初的基金组合出现差异，那么就应该及时做出调整。

基金组合常出现的变化包括以下几种情况。

（1）资金比例变化

从前面的内容可以看到，基金组合中的资金占比通常是在基金组合成立之初就已经确定了的，且基金组合一旦成立之后就不再对组合进行比例调整了。

但是基金组合在市场中经过一段时间运行后，有的基金出现上涨，有的基金出现下跌，可能会使基金组合比例与组合成立之初的比例产生越来越大的差距。因此，投资者需要定期对基金组合中的资金比例进行调整，使其回到初始的资金比例。

（2）市值大小变化

根据市值大小的不同，基金分为大盘股基金、中盘股基金和小盘股基金，并且大盘和中小盘之间存在轮动现象。因此，投资者需要根据市场行情的轮动情况对基金进行调整，通过这样的调整，投资者更不容易错过市场中的有利行情。

（3）周期性变化

市场中的行业存在强周期和弱周期的差异。强周期行业在行情到来时业绩表现非常突出，投资者及时跟进很容易获得超额收益。例如有的行业有淡旺季之分，旺季时业绩表现突出，走势远超出市场指数，但到了淡季时就表现萎靡，远低于市场指数。而弱周期行业则受到经济周期的影响较小，市场需求比较稳定，所以业绩表现也比较稳定。

鉴于此，如果投资者选择的基金中有强周期的行业基金，那么在行业淡季时就要注意及时调整，更换其他基金，规避淡季。

（4）风险承受力改变

随着投资者个人投资经验的增加，以及财富的累积，个人的风险承受能力也会发生改变，有可能增大，也有可能降低。当投资者的个人风险承受能力发生改变时，投资者创建的基金组合自然也需要做出相应的调整，使组合与自己的情况更匹配。

此外，很多人对基金组合的调整存在一个错误的认识，认为基金组合调整就是将组合中表现较差基金的资金转移到表现优秀的基金中，认为这是一个快速提高收益的做法。但其实这种做法是错误的，因为根据基金短期业绩表现情况并不能真实地判断出基金的质量，只有通过基金中长期的业绩表现情况才能对其做出判断。因此，投资者不可因为某只基金近期表现优异而将资金集中在这一只基金上，这样会大幅增加投资风险，基金组合也失去了降低风险的意义。

另外，市场永远处于波动变化之中，所以基金组合也永远处于波动变化之中，这就使得基金组合不可能与我们创建之初完全相同，那么我们应该什么时候对组合进行调整呢？

一般来说，基金组合并不需要频繁地调整变动，投资者频繁调整更换，不仅会增加投资成本，还极有可能错失行情。因此，建议投资者每半年或者是每季度对持有的基金组合做一次全面的评估，查看其是否偏离了当初设立的投资目标，再对其进行适当的调整。

6.3　基金的经典组合形式

除了自己搭配设计基金组合之外，市场中也有一些比较经典的基金组合形式，非常适合普通投资者，一方面可以起到分散投资风险的作用，另一方面也可以帮助投资者获得高收益回报。下面就来为大家介绍几种经典的基金组合方式。

6.3.1　哑铃型平衡基金组合

哑铃型基金组合是一种非常简单、适用的基金组合，它出自哑铃式投资这种管理技术，即选取风格差异较大的两类投资产品进行组合，使组合而成的投资组合兼具了两类投资产品的某些优点，能够有效回避市场波动带来的损失。

应用在基金组合中，哑铃型基金组合指的是选择两种完全不同风险收益特征的基金进行组合，就像哑铃一样，只有左右两头，使基金组合兼具两种风格的基金，形成优势互补。

图 6-7 为哑铃型基金组合示意图。

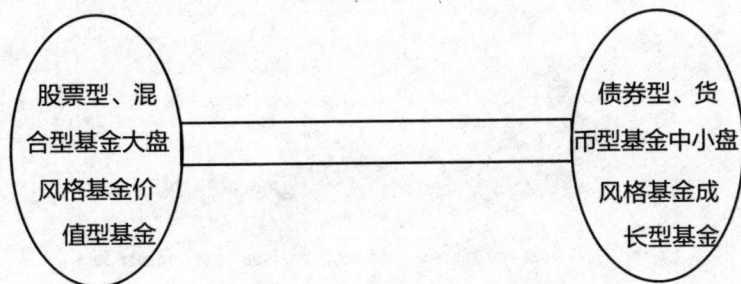

| 股票型、混合型基金大盘风格基金价值型基金 | 债券型、货币型基金中小盘风格基金成长型基金 |

图 6-7 哑铃型基金组合

从图中可以看到，比较常见的哑铃型基金组合包括"股票型、混合型基金 + 债券型、货币型基金""大盘风格基金 + 中小盘风格基金"，以及"价值型基金 + 成长型基金"。

哑铃型基金组合的优点在于基金组合结构非常简单，便于投资者进行管理，且组合中的两种截然不同的基金可以优势互补，有效应对市场中的板块轮动。

虽然哑铃型基金组合看起来比较简单，但是这种组合投资却比较有效，投资者如果能严格执行这样的组合操作，已经可以战胜市场中大部分的投资者了。

实例分析
国泰沪深 300 指数 A（020011）+ 南方中证 500ETF（510500）

某投资者基于哑铃型基金组合模式，选择了国泰沪深 300 指数 A 和南方中证 500ETF 两只基金，每只基金各投资 5.00 万元。其中，国泰沪深 300 指数 A 为大盘风格基金，而南方中证 500ETF 为中小盘风格基金，投资者期望通过大盘与中小盘的板块轮动使基金组合更稳定，可以有效应对市场内的波动变化。

我们首先看国泰沪深 300 指数 A 基金，图 6-8 所示为该基金近一年的单位净值走势。

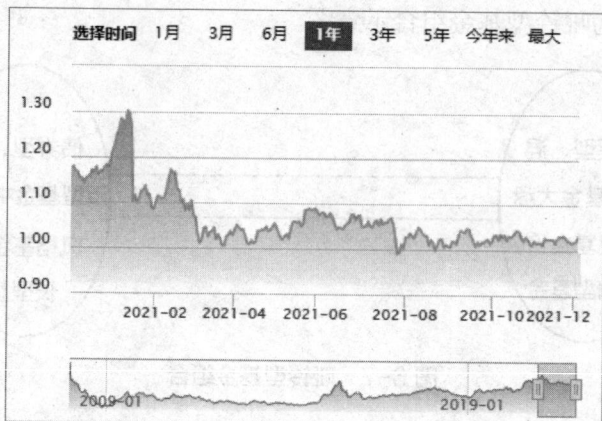

图6-8　国泰沪深300指数A基金净值走势

从上图可以看到，2021年1月中旬，基金转入下跌趋势中，基金单位净值从1.30元附近的位置止涨下行。经过两个月左右的时间，基金下跌至1.00元附近后止跌，随后大半年的时间基金都在1.00～1.10元区间窄幅横盘波动运行，走势沉闷。

图6-9所示为国泰沪深300指数A的阶段涨幅。

阶段涨幅	季度涨幅　年度涨幅					截止至 2021-12-03	更多>	
	近1周	近1月	近3月	近6月	今年来	近1年	近2年	近3年
阶段涨幅	0.80%	1.77%	1.62%	-4.24%	-2.61%	0.73%	37.83%	64.59%
同类平均	0.81%	2.83%	2.33%	2.91%	7.40%	9.75%	50.57%	76.17%
沪深300	0.85%	1.04%	-0.83%	-7.38%	-6.11%	-3.42%	25.38%	53.78%
跟踪标的	0.85%	1.04%	-0.83%	-7.38%	-6.11%	-3.42%	25.38%	53.78%
同类排名	955 | 1743	1088 | 1707	760 | 1603	891 | 1356	818 | 1191	750 | 1166	553 | 906	384 | 665
四分位排名	一般	一般	良好	一般	一般	一般	一般	一般

图6-9　国泰沪深300指数A基金阶段涨幅

从上图可以看到，国泰沪深300指数A基金近一年阶段涨幅为0.73%，跟踪的标的指数沪深300指数近一年跌幅为-3.42%。可见，近一年大盘表现不佳，行情低迷。

与此同时，我们查看南方中证500ETF基金，图6-10所示为该基金近一年的单位净值走势。

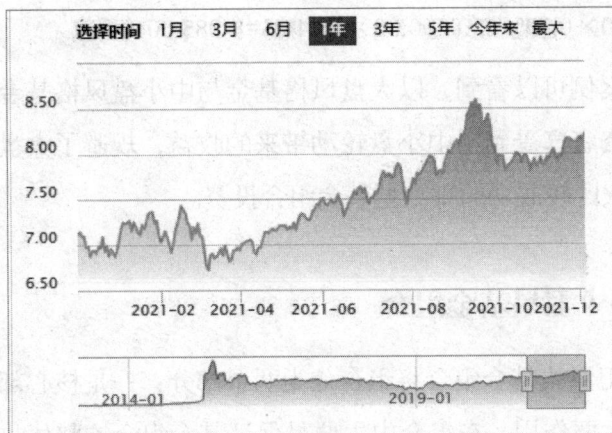

图 6-10　南方中证 500ETF 基金净值走势

从上图可以看到，前期基金呈现横盘走势，基金单位净值在 6.80～7.50 元区间横盘波动运行。2021 年 3 月上旬，基金企稳转入上升趋势之中，基金净值不断向上稳步攀升，最高上涨至 8.50 元上方，随后止涨回调，维持在 8.00 元价位线附近横盘波动运行，图 6-11 所示为南方中证 500ETF 基金的阶段涨幅。

阶段涨幅　季度涨幅　年度涨幅						截止至 2021-12-03		更多>
	近1周	近1月	近3月	近6月	今年来	近1年	近2年	近3年
阶段涨幅	1.14%	4.13%	0.47%	10.55%	16.40%	15.44%	54.19%	70.06%
同类平均	0.81%	2.83%	2.33%	2.91%	7.40%	9.75%	50.57%	76.17%
沪深300	0.85%	1.04%	-0.83%	-7.38%	-6.11%	-3.42%	25.38%	53.78%
跟踪标的	0.26%	3.55%	-1.56%	8.18%	13.72%	12.00%	44.51%	64.14%
同类排名	593｜1743	445｜1707	971｜1603	299｜1356	288｜1191	323｜1166	348｜906	351｜665
四分位排名	良好	良好	一般	优秀	优秀	良好	良好	一般

图 6-11　南方中证 500ETF 基金阶段涨幅

从上图可以看到，南方中证 500ETF 基金近一年阶段涨幅为 15.44%，跟踪的标的指数中证 500 指数近一年的阶段涨幅为 12%。说明近一年在大盘表现不佳、行情低迷的时候，中小盘却迎来了一轮行情，表现优异。

经过哑铃型基金组合，投资者近一年的投资收益如下。

50 000.00×0.73%+50 000.00×15.44%=8 085.00（元）

从上述案例可以看到，以大盘风格基金与中小盘风格基金搭配的基金组合，使投资者享受到了中小盘轮动带来的收益，规避了大盘行情惨淡的现实，是一次比较成功的哑铃型基金组合投资。

6.3.2　核心＋卫星基金组合

核心＋卫星式基金组合将组合分为两个部分：一是核心部分，即组合的中心，起主要作用，在组合中主要是保证基金组合的整体收益；二是卫星部分，目的在于为投资争取超额收益，所以偏向于短线市场热点。

鉴于核心和卫星的不同作用，所以基金组合中的"核心"部分应该选择长期业绩出色并且表现比较稳定的基金，而"卫星"部分则应该选择短期业绩突出的基金，图6-12为核星＋卫星基金组合示意图。

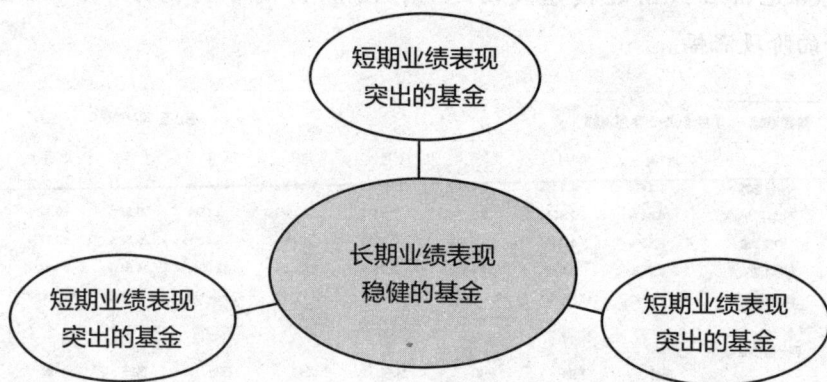

図6-12　核心＋卫星基金组合

从核心＋卫星基金组合示意图可以看到，该基金组合模式由两大部分组合而成，即核心稳健基金部分和卫星短期业绩突出基金部分。两个部分在组合中各司其职，缺一不可。

核心＋卫星组合虽然看起来比较简单，但是实际落实起来却很难，这是因为许多投资者选择的基金并不符合核心或卫星的特点。下面来看看核心、卫星的基金到底应该怎么去选。

（1）核心基金求稳

我们知道核心部分为核心＋卫星基金组合的中心，在组合中起到稳定组合、保证整体收益的作用，所以对这一部分的基金选择主要是求稳。那么，什么样的基金才是稳健的基金呢？可以从两个方面来对其进行判断。

◆　基金单位净值走势

基金单位净值走势是指基金单位份额的价格变化曲线。如果基金的单位净值走势波动幅度变化较大，则说明该基金不稳健，但如果基金单位净值走势稳定，长期稳健上行，就说明该基金业绩表现稳健。图 6-13 所示为金鹰信息产业股票 C（005885）基金 3 年单位净值走势。

图 6-13　金鹰信息产业股票 C 基金单位净值走势

图 6-14 所示为易方达中证军工（LOF）A（502003）基金 3 年单位净值走势。

图6-14 易方达中证军工（LOF）A基金单位净值走势

从两个基金的单位净值走势可以看到，金鹰信息产业股票C基金明显比易方达中证军工（LOF）A基金走势更稳健，易方达中证军工（LOF）A基金单位净值波动幅度较大、不稳定。所以，如果从这两个基金中选择核心基金，应该选择金鹰信息产业股票C基金。

◆ 持仓分散程度

一个基金的持仓范围情况也会直接影响基金的稳定性，如果一个基金持仓比较集中，则更容易遭受系统性风险，且这种风险往往是毁灭性的，尤其是对于核心基金来说，这种风险对基金组合来说是沉重的打击。

所以，在筛选核心基金时要从基金的持仓范围出发，判断基金的持仓分散程度，选择持仓分散的基金，降低系统性风险。

图6-15所示为建信中小盘先锋股票A基金（000729）行业配置比例图。

序号	行业类别	行业变动详情	占净值比例	市值（万元）
	○ 建信中小盘先锋股票A　2021年4季度行业配置明细		来源：天天基金	截至：2021-12-31
1	制造业	变动详情	75.36%	225,563.60
2	采矿业	变动详情	9.96%	29,803.94
3	文化、体育和娱乐业	变动详情	4.91%	14,700.81
4	科学研究和技术服务业	变动详情	1.11%	3,312.00
5	建筑业	变动详情	0.98%	2,939.00
6	信息传输、软件和信息技术服务业	变动详情	0.72%	2,140.97
7	批发和零售业	变动详情	0.04%	106.72
8	水利、环境和公共设施管理业	变动详情	0.00%	4.08
9	卫生和社会工作	变动详情	0.00%	1.82
10	住宿和餐饮业	变动详情	0.00%	0.46

图 6-15　建信中小盘先锋股票 A 基金行业配置比例

图 6-16 所示为建信沪深 300 红利 ETF 联接 A（012712）基金行业配置比例图。

序号	行业类别	行业变动详情	占净值比例	市值（万元）
	○ 建信沪深300红利ETF联接A　2021年4季度行业配置明细		来源：天天基金	截至：2021-12-31
1	制造业	变动详情	0.71%	10.09
2	金融业	变动详情	0.69%	9.79
3	房地产业	变动详情	0.41%	5.77
4	电力、热力、燃气及水生产和供应业	变动详情	0.29%	4.11
5	采矿业	变动详情	0.22%	3.17
6	建筑业	变动详情	0.19%	2.73
7	批发和零售业	变动详情	0.12%	1.75
		2021年		

图 6-16　建信沪深 300 红利 ETF 联接 A 基金行业配置比例

从上图可以看到，建信中小盘先锋股票 A 基金中股票持有的行业比较集中，主要是在制造业中，占比超过 75%，随后是采矿业，文化、体育和娱乐业以及建筑业等，但是占比都非常小。而建信沪深 300 红利 ETF 联接 A 基金则不同，它的行业分布更加平均，其中占比最大的是制造业，但也仅占据了 0.71% 的比例，其次是金融业、房地产业、采矿业和建筑业等。

可见，建信中小盘先锋股票 A 资金的持仓更为集中，而建信沪深 300 红利 ETF 联接 A 基金的持仓更为分散，所以建信沪深 300 红利 ETF 联接 A 基金相比建信中小盘先锋股票 A 基金更为稳健。

投资者在选择核心基金时应该优先选择宽基指数基金，例如沪深 300、中证 500，或是配置两三个行业及以上的主动管理型基金，这样的基金更为稳健。

（2）卫星基金以小博大

从核心＋卫星基金组合示意图可以看到，卫星基金资金仓位占比较小，但胜在灵活，所以投资者在配置时可以积极一点，以小博大，即便亏损也不会对整个基金组合带来不可挽回的损失，反之，通过投资者的积极投资，可以为基金组合赢得更多收益空间。

因此，对于卫星这一部分的基金，投资者可以选择一些净值波动变化较大的行业基金，其实就是与核心基金进行反向选择，具体如下。

①行业主动基金或行业指数基金，包括细分行业相关基金。

②重仓小盘股票基金或者持仓相对集中的个别的行业基金。

③科技行业和周期类行业等相关基金行业相对配置比重较大的基金。

④持仓股票数量较少、集中度较高的基金。

除了核心基金和卫星基金的选择之外，投资者还需要确定核心＋卫星组合中基金的数量。首先是核心部分，为了降低风险，让投资更稳健，一般选择 1～3 只基金作为核心资产；而卫星部分可以选择有潜力的、近期业绩表现突出的 3～5 只基金作为卫星资产，进行基金组合。这样一来，基金总数在 8 只以内比较容易管理，也不会给投资者带来较大的管理压力。

总的来看，核心＋卫星这种基金组合模式适合大部分的投资者，因为绝大部分投资者本质上都是矛盾的，一方面不希望承受过多的风险，期望获得稳定的收益；另一方面也希望释放一定程度的风险去争取更高的收益回报。而核心＋卫星这种基金组合模式恰好满足了投资者的这种矛盾心理，灵活又自由的投资方式给了投资者更多的选择。

6.3.3　金字塔型稳健式组合

哑铃型基金组合需要两种相关度低、风格差异大的基金进行组合搭配，而核心＋卫星基金组合则需要长期稳健和短期优秀基金进行组合，这对于已经具备一定投资经验的投资者来说还不够灵活。因此，有一种灵活度高，适合有一定投资经验的投资者的基金组合出现了，这就是金字塔型基金组合。

金字塔型基金组合就是将资金的大部分放在塔底，投资一些风险较低的基金品种，随后逐渐增加投资品种。通常越从塔底往上，基金的风险也就越高，投入的资金也就越少，获得高收益的可能性也就越大。

一般来说，金字塔的底部作为金字塔的基础，需要保持稳定，使整个组合不会出现较大程度的坍塌，所以会配置一些稳健的、安全性强的基金类型，例如债券基金、货币基金。此外，在资产配置比例上通常在 50% 左右，如果占比较小，无法起到稳定组合的目的，但如果占比过大，又会影响投资收益。

完成了底部建设之后，可以配置一些风险适中的基金作为金字塔的中层，例如沪深 300、上证 50 指数基金，或者是价值型基金、灵活配置型基金等。这一部分投资是保证在一定风险承受范围内追求稳健的收益回报，通常投资占比 30% 左右比较合适。

最后是金字塔的顶端部分，这一部分是为组合谋取高收益的，所以投资对象为一些高风险基金，例如创业板基金、中证 500 指数基金或者是成长风格基金。因为这一部分的投资风险较高，所以资金比例控制在 20% 左右较好。

图 6-17 为金字塔型基金组合示意图。

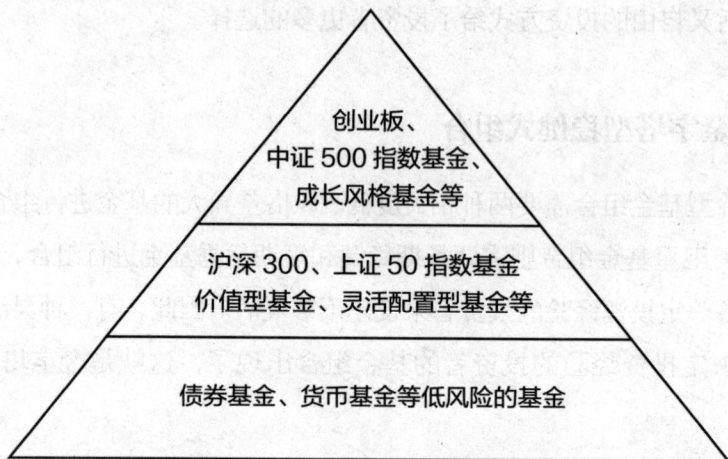

图 6-17　金字塔型基金组合

这里介绍的金字塔型基金组合只是一种概念，在实际的投资中，投资者可以按照自己的需要将金字塔分成2层、3层或4层，比例也可以调整，例如60：30：10等。

下面来看一个金字塔型基金组合案例。

实例分析

金字塔型稳健基金组合

某平台推出了一款以债券基金打底，股票型基金作为辅助增强收益，混合其他基金作为搭配的金字塔型基金组合，产品力求稳健的基金收益，一经上线便受到广大投资者们的青睐。

该基金组合中的主要基金类型是债券基金，所以债券基金占比最大，其次是混合基金，最后是指数基金和股票基金。债券基金的目的在于稳定基金组合，使整个组合能够获得稳定的收益回报，而混合基金的目的在于在一定风险范围内追求稳健收益。股票基金和指数基金则在于为组合谋求更高的投资回报，图 6-18 所示为该组合的收益。

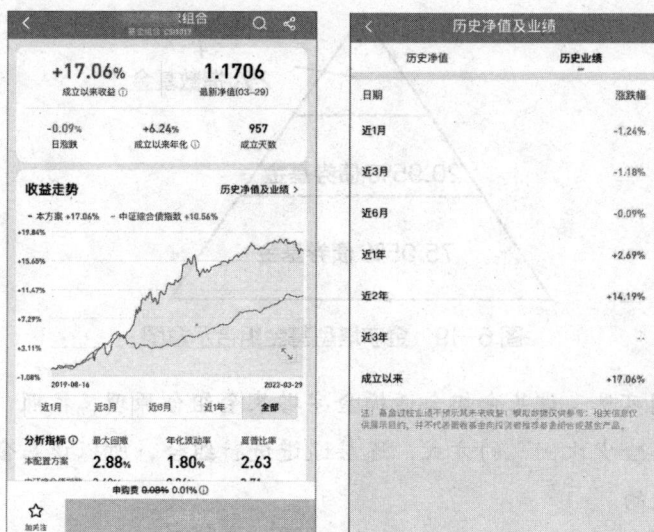

图 6-18 基金组合收益

从上图可以看到，整体来看该基金组合的收益表现还是比较稳健的，大体上表现上涨。下面再来看看该基金组合的构成，该基金组合一共有9只基金，具体如下。

债券基金：大成景旭纯债债券 C（000153），占比 25.22%；大成景悦中短债 C（008821），占比 20.28%；大成景安短融债券 E（002086），占比 17.32%；大成中债 3～5 年国开债 C（007508），占比 12.23%。

混合基金：大成景瑞稳健配置混合 C（008630），占比 17.49%；大成积极成长混合（519017），占比 3.46%。

股票基金：大成高新技术产业股票 A（000628），占比 2%。

指数基金：大成 360 互联网＋大数据 100C（003359），占比 1.12%；大成沪深 300 增强发起式 C（010909），占比 0.88%。

根据基金组合的产品情况来看，组合中一共有9只基金，其中债券基金占比 75.05%，混合基金占比 20.95%，股票基金占比 2%，指数基金占比 2%。

该基金组合的金字塔型示意图如图 6-19 所示。

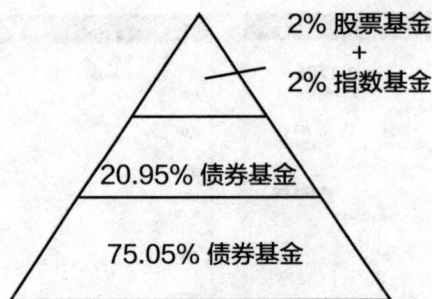

图 6-19　金字塔型基金组合示意图

由上图可见，该基金组合遵循金字塔基金组合原理，按照"低风险多比例，高风险少比例"的方式，逐层递进进行组合，所以该基金组合整体是非常稳健的。

6.3.4　利用股债均衡策略做组合

股债均衡策略源自巴菲特的老师格雷厄姆的著作《聪明的投资者》。大致的意思是将自己 3 年甚至更长时间里不用的闲钱平均分为两部分，一部分买入股票，另一部分买入债券，然后每年年底进行一次动态平衡。

例如，10.00 万元分为两部分，5.00 万元买入股票，5.00 万元买入债券。到了年底，如果股票上涨，股票投资的 5.00 万元变成 8.00 万元，债券投资的 5.00 万元变成了 5.20 万元，此时就需要卖出 1.40 万元的股票换成债券，实现股债平衡。如果股票下跌，股票投资的 5.00 万元变成了 4.00 万元，债券投资的 5.00 万元变成了 5.20 万元，此时就需要卖出 6 000.00 元的债券买入股票，实现股债平衡。

这是一种通过低相关性的分散投资方法来降低资产之间的波动风险，从而减少整体资产的波动率，同时也能获得市场平均收益的策略。

当然，股债平衡只是一种策略，即在组合中持有一定的债券和股票，并维持一定的比例，但这个比例不一定是 50∶50，它既可以是长期固定的比例，也可以是根据股市行情调整的比例。除了 50∶50 外，20∶80、30∶70 或者是 10∶90 都可能。具体股票仓位取多少，一方面与投资者个人所能承受的投资风险有关；另一方面也与市场行情相关。在股市行情向好，投资者风险承受能力强时，股票仓位可以大一些；反之，股市行情走弱，投资者风险承受能力较弱时，股票仓位可以小一些。

在基金组合中，股债平衡策略同样适用，股市风险大，但收益机会大，债市收益有限，但相对稳定。因此，根据股债均衡策略，将股票型基金和债券型基金按照一定的股债比例进行组合搭配，就能实现攻守兼备。

但是，股债均衡策略的核心在于"动态平衡"，我们知道市场处于波动变化之中，这就意味着我们最初设立的股债比例会随着市场的变化而不断变化，甚至逐渐背离最初设置的股债比例。因此，需要根据基金的净值变化来动态调整各个基金的比例，使其保持平衡。

一般来说，可对组合中的单只基金设置一个偏离阈值，一旦达到该阈值就会立即触发组合回到初始配置比例。具体的阈值，不同的投资者、不同市场行情设置不同。

下面来看一款股债平衡策略下的基金组合。

实例分析

股债平衡策略下的基金组合

××均衡策略是以中风险基金配置为主的股债平衡策略基金组合。组合以股债 4∶6 的比例进行配置的。当组合中的某只基金净值上涨或下跌超过 5% 时，则会立即触发动态再平衡机制，及时进行加仓或减仓操作。

在基金出现超涨时，触发减仓信号，及时将收益落袋为安。

在基金出现超跌时，触发加仓信号，准确把握抄底机会。

图 6-20 所示为 ×× 均衡策略基金组合的业绩表现。

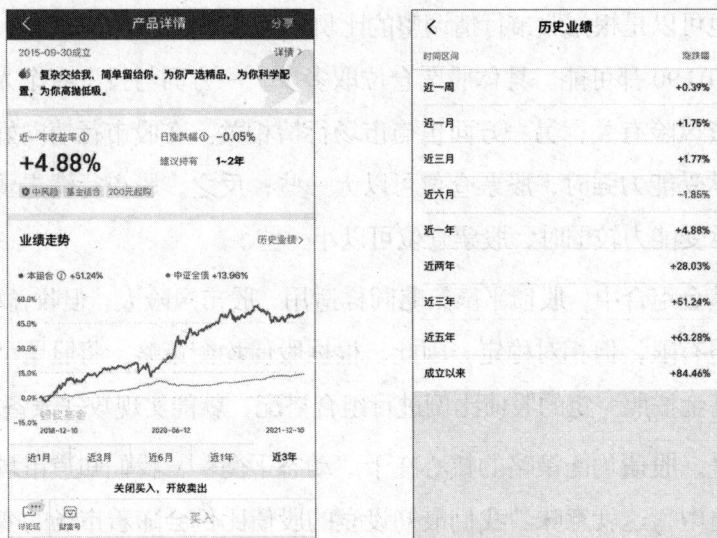

图6-20　基金组合业绩

从基金组合的业绩表现来看，业绩表现优秀，整体表现上行，涨幅较大。其次，再看基金组合的产品详情，具体如下。

①鹏华稳利短债债券C基金，占比60%。

②鹏华中证银行指数（LOF）A基金，占比15%。

③鹏华中证国防指数（LOF）A基金，占比10%。

④鹏华环保产业股票基金，占比5%。

⑤鹏华酒指数A基金，占比5%。

⑥鹏华中证全指证券公司指数（LOF）A基金，占比5%。

从基金产品列表可以看到，虽然基金数量较少，一共6只，但是其中5只都是股票型基金，占比40%，只有一只债券基金，占比60%。尽管市场呈波动变化，但是该基金组合依然按照5%涨跌阈值进行动态调整，使组合始终维持股债4:6的比例平衡。

6.4　不同类型投资者的基金组合

搭建基金组合除了借鉴一些经典的组合搭配外，其实还可以根据自己的实际情况来据实搭配，包括自己的收入情况、消费情况和风险承受能力等。将这些因素考虑完全后得到的基金组合往往才是最适合自己的。

6.4.1　工薪族的基金组合投资策略

工薪族指的是经济收入来源主要依靠工资收入的群体。工薪族做投资理财，首先需要了解自己的收入特点，结合自己的收入情况来制定策略。

通常来说，工薪族的收入主要包括以下几部分。

工资收入。工资收入是工薪族的主要收入来源，它根据每月职员的工作表现情况以及个人能力高低等进行综合考量之后发给职员。通常每月工资水平都差不多，所以工资具有固定、准时的特点。

奖金收入。奖金收入指的是职员的表现达到奖励情况时获得的现金奖励，一般在项目完成、销售任务达标以及重要的节庆日时会有奖金。因此，奖金也具有不定时、不定额的特点。

兼职收入。一些工薪族除了完成日常的工作外，还会在下班空闲之余做一些兼职工作补贴收入，例如网约车司机、代购等。但是因为兼职投入的时间和精力较少，所以收入并不稳定，但作为生活补贴还是比较充裕的。

投资收入。投资收入主要是指工薪族通过个人投资理财获得的收益。投资收入的高低与投资者个人的投资实力、市场行情波动情况等密切相关，具有很多不确定性。

由此，我们可以看到，虽然工薪族的收入来源看起来有 4 个方面，但主要还是工资收入。那么，这样收入特点的工薪族适合理财吗？又应该怎么来做投资呢？

很多人提及理财就认为这是有钱人需要做的事，而自己的钱太少了，等自己有钱了再理财。然而钱少并不是放弃理财的借口。理财包括两个部分的内容，即开源和节流。投资就是开源，而省钱就是节流，双管齐下能够更快地实现财富增值。

（1）省钱

对于省钱，很多人不以为意，觉得省钱无非就是减少开支，可买可不买的就不买；不得不买时，就买性价比更高的；不买无用之物。说的并没有错，但这只是从消费的角度来控制我们的开销，帮助我们省钱，其实更重要的是要学会记账，认清自己的财务状况。

理财并非一项随心所欲的投资活动，而是一项合理的理财规划，这就需要我们制订一个严谨的理财计划，从实际的家庭财务出发，对家庭理财规划做到科学统筹、心中有数，对家里的收入、负债、资产情况都了如指掌。此时，可以制作个人或家庭资产负债表、家庭收入表以及投资损益表来快速了解家庭财务状况。

企业资产负债表是利用"资产 = 负债 + 所有者权益"这一会计恒等式编制的财务报表，家庭资产管理中的资产负债表与企业资产负债表类似，它是利用"总资产 = 负债 + 净资产"这一会计公式编制的财务管理表格。

总资产指的是家庭所拥有的，能够以货币进行计量的财产和其他权利，不能估值的物品不能算作资产。根据家庭资产能否产生收入对其进行划分，可以分为3类：个人使用资产、投资性资产和流动性资产。表6-3为家庭资产负债表。

表 6-3　家庭资产负债表

资　　产		负　　债	
项　　目	金额（元）	项　　目	金额（元）
现　　金	5 000.00	信用卡欠费	10 000.00
活期存款	10 000.00	其他消费性贷款	
其他流动性资产			
流动性资产合计	15 000.00	消费性负债合计	10 000.00
定期存款	30 000.00	金融性投资借款	
股票投资	20 000.00	实业投资借款	
债券投资	10 000.00	其他投资借款	
其他投资性资产			
投资性资产合计	60 000.00	投资性负债合计	0
自用房产	1 120 000.00	住房按揭贷款	600 000.00
自用汽车	100 000.00	汽车按揭贷款	50 000.00
其他自用资产		自用性负债合计	650 000.00
自用资产合计	1 220 000.00	负债总计	660 000.00
资产总计	1 295 000.00	净资产	635 000.00

　　家庭收支表很好理解，就是记录家庭每月收入多少、支出多少、结余多少的表格。通过该表格可以清晰地看到家庭每月的收入支出情况，以及是否存在不合理开销等，对资产配置管理、收入管理以及消费管理都有重要作用。

　　家庭收支表没有严格的格式和规范，只要能够直观、清楚地看到每月的开支、收入情况即可。但是我们通常会将其分为左右两部分进行编制，左边为收入，右边为支出，表 6-4 为某家庭的月收支表。

表 6-4　家庭收支表

收　入		支　出	
项　目	金额（元）	项　目	金额（元）
丈夫工资收入	12 000.00	生活开销	2 000.00
妻子工资收入	6 000.00	子女教育开销	200.00
房租收入	1 200.00	服装费用	2 000.00
投资收入	2 000.00	医疗费	200.00
其他	200.00	人情往来	600.00
		其他	
合计	21 400.00	合计	5 000.00
结余	16 400.00		

投资收益表就是记录家庭投资收益情况的表格，通常以年为单位进行统计。通过该表格可以查看到这一年的整体投资情况，以及各个投资项目具体的收益状况，以便对表现不佳、收益率低的投资项目进行调整、更换，从而提高投资收益，表 6-5 为投资损益表。

表 6-5　投资损益表

项　目	金额（元）	期　限	投入时间	到期时间	年收益（元）
股票	10 000.00	1 年	2020 年 3 月	2021 年 3 月	3 000.00
基金	50 000.00	5 年	2018 年 1 月	2023 年 1 月	7 500.00
债券	2 0000.00	3 年	2018 年 1 月	2021 年 1 月	2 000.00
定期存款	50 000.00	3 年	2018 年 4 月	2021 年 4 月	1 400.00
活期存款	20 000.00	—	2020 年 8 月		70.00
投资合计	150 000.00				13 970.00

通过这 3 张表格快速掌握家庭实际的经济情况，让自己做到投资前心中有数。

（2）投资

因为工薪族背负较大的工作压力和生活负担，所以一些花费精力的投资方式，例如股票，就不那么适合了。反观基金这类由专业基金经理打理的投资方式更适合。

虽然工资是其主要收入来源，比较单一，但是胜在稳定，且随着工作时间的增长，个人工作经历的增加，工薪族的工资也呈现上涨。所以，工薪族具有一定的风险承受能力，但投资仍然以稳健为主，在基金组合投资策略中更看重稳健型的投资组合。

在工薪族的基金组合中，稳健型的债券基金应该保持较大比例，因为工资是主要收入来源，需要应对生活中可能出现的各种意外，所以基金组合中还应该保持 20% 左右的货币基金，以保证资金的灵活性。剩余部分则可以投资高风险或中高风险的混合基金或股票基金，争取更高收益可能性。因此，基金组合中，货币基金、债券基金和股票基金的比例可以为 20∶60∶20。

6.4.2　全职妈妈的基金组合投资

全职妈妈指的是原来有自己工作的女性，在怀孕后到孩子出生的时间内辞掉工作，为了更好地照顾自己的子女成长、经营家庭，而不去工作或没有工作的女性。

全职妈妈是家庭中十分伟大的成员，不仅将家庭打理得井井有条，还将孩子、家人的生活照顾得滴水不漏。但随着孩子的逐渐长大，开始进入学校上学，全职妈妈闲暇时间逐渐多了起来，此时很多全职妈妈都萌生了投资理财的想法。

其实，理财并没有想象中那么难，全职妈妈们也能快速上手，首先可以从坚持记账开始。有全职妈妈的家庭，一般家庭赚钱的重担就落在了爸爸身上，所以全职妈妈每花一笔钱都希望能用在刀刃上，避免浪费。而记账最大的好处就在于能够帮助自己对家庭消费有一个直观、全面的认识，知道每个月手里的钱去了哪里。

全职妈妈除了需要记账了解钱的去向之外，还应该学习一些基本的理财知识。任何事情都需要学习，投资也是，丰富的理财知识能够让自己的投资决策更稳健。全职妈妈可以看一些理财新手入门的书籍，积累一些知识和经验。正确的理财观对于每一个家庭来说都是非常重要的，因为只有懂理财，才可以更好地规划和实现理财目标。

然后全职妈妈就可以开始尝试投资了。因为全职妈妈通常还要负责管理家庭每月开销，例如每月基本固定的生活费、水电燃气费、月供贷款、生活费和子女教育费等，所以在投资之前需要将资金进行合理的分配，用结余资金做投资。

另外，还要给家庭准备一笔紧急备用金，以应付突发性的紧急事件，通常给家庭预留至少 3 ～ 6 个月的固定开支即可。这部分资金可以投资于流动性高的货币基金。全职妈妈们的投资仍然以稳健、保守为主，所以大部分的资金投资于债券基金，最后 10% 左右的资金可以投资风险较高的股票型基金。

因此，全职妈妈们的基金投资组合中，货币基金、债券基金和股票型基金的占比可以为 40：50：10。

实例分析

全职妈妈的基金组合理财

周女士 33 岁，现在是两个孩子的妈妈，目前在家全职照顾孩子。由于两个孩子逐渐长大，教育成本逐渐增加，家庭生活压力也逐渐增大，周女士为了缓解家庭经济压力，在闲暇之余开始了基金投资理财。

周女士在此之前并没有基金投资的经验，开始投资一方面是想要为家庭经济做补充；另一方面也是受到朋友的鼓励。所以，鉴于周女士的实际情况，应该分散投资，做基金组合投资，这样搭配购买，不仅能够有效降低投资风险，还具有较好的流动性，收益也较高。

因为周女士本身的投资经验并不丰富，投资以保守为主，追求稳健的投资收益。所以她投入 10.00 万元做基金组合投资，其中 40% 为货币基金；50% 为债券基金，其余的 10% 为股票型基金。

周女士从 2020 年 1 月 8 日开始投资，持有到 2021 年 12 月 10 日后赎回，周女士这一轮投资的收益计算如下。

债券基金：金信民兴债券 A 基金（004400）投入 50 000.00 元，到期赎回 81 640.09 元。

股票基金：宝盈国家安全沪港深股票 A（001877）投入 10 000.00 元，到期赎回 19 699.08 元。

货币基金：广发货币 A（270004）基金投入 40 000.00 元，到期赎回 41 740.00 元。

总投入：100 000.00 元

总赎回：81 640.09+19 699.08+41 740.00=143 079.17（元）

持有期限：702 天

持有期总收益：43 079.17 ÷ 100 000.00=43.08%

持有期年度收益率：43.08% ÷（702 ÷ 365）=22.40%

根据上述一番计算可以看到，周女士这一番投资获得 43 079.17 元的收益，组合投资总收益率为 43.08%，持有期年度收益率为 22.40%，整体来看，此次投资属于比较成功的一次投资，周女士通过基金投资为家庭带来了 43 079.17 元的额外收益，在一定程度上为家庭解决了部分经济负担。

但是，周女士的投资也存在一定的缺陷性。她选择的基金数量较少，资金分散程度不够。

6.4.3 退休职员的基金养老计划

随着社会的不断发展，很多人在退休之后生活发生了较大改变，空闲时间增多，加之生活质量提升，使他们的投资理财需求也随之改变。退休人员理财的目的通常是提高生活品质，保障老年生活，以便更好地安度晚年，所以，投资应当以"稳"为主，主要从如下 4 个方面考量。

◆ 避免单一方式投资

投资者应该避免单一方式投资，应该适当分散资产，既要避免过度集中投资，也要避免过度分散投资。退休金较高的退休人员，理财时可偏重资产的保值增值；退休金偏低的人，理财方案则应从保障现有的生活水平及开源节流入手。

◆ 考虑自己的风险承受能力

虽然退休人员经过一辈子的打拼，积累了不少的财富，具有一定的风险承受能力，但是退休人员大部分为年龄较大的长者，投资反应能力和投资实战能力都较弱，所以不适合过于复杂的投资方式。因此，退休人员应该选择一些简单的、容易上手操作的投资理财方式，例如银行定期、基金理财都是比较好的方式。

◆ 适量配置保险

老年人晚年生活中最容易出现问题的就是身体健康状况，所以，退休人员在理财时应该适量配置保险，包括重疾险、意外险和大病险等，这样即使有重特大意外或是得重疾等事情的发生，也无须过多担忧，有充足的、及时的保障。

通常保险支出应该占据老年人闲余资金的 20% 左右，因为老年人的身体或多或少都会出现不同程度的健康问题，如果购买保险的保障金额较低将无法真正起到保障作用。

◆　基金理财

基金对于老年人来说，是一个比较便捷的投资方式，它不像股票那么风起云涌，给老年投资者带来较大的精神压力，但同样可以为投资者带来丰厚的投资回报。另外，一些质量优秀、业绩表现突出的基金，收益也并不比股票差。

那么，什么样的基金比较适合老年人呢？应该是货币基金和债券基金。货币基金非常稳定，比较适合不能承受风险的投资者，且货币基金年收益率通常在 3% ～ 4%，对于老年投资者来说，这样的低风险投资的收益回报也比较可观。

而债券基金则适合风险承受能力较低的投资者，其年收益率一般在10% 左右，也非常稳定。

故此，对于退休的老年投资者来说，可以制订以货币基金、债券基金为主的基金组合计划，以安排自己的养老投资计划。因为退休后的老年人通常没有养育子女、赡养老人的责任，所以他们的消费更单一，只需要负责自己的基本生活即可，所以他们可以适当增大债券基金的比例，减少货币基金的比例。因此，适合退休老年人的基金组合比例可以为：货币基金20%，债券基金 60%，股票型基金 20%。综合来看，这是一个比较合适的基金组合比例。

实例分析

退休职员的基金组合理财

杨先生是一名退休职员，在退休之后，他开始了基金投资，只要一有时间就会往银行跑，害怕自己投资的基金净值下跌，自己一辈子的积蓄打了水漂。他的儿子了解到这种情况之后，就到银行去咨询，问哪种类型的基金适合老年人投资，银行的工作人员告诉他，适合老年人投资的基金是货币型基金、债券型基金，这两种基金都非常稳定，安全性也比较高。

同时，银行的工作人员还告诉他其实可以做基金组合投资，这样比单一的基金投资收益更高，风险也更分散。

杨先生儿子在银行工作人员的介绍下，帮杨先生组建了一个以“稳健”为主的基金投资组合，其中货币型基金20%，债券型基金60%，股票型基金20%。

图6-21所示为杨先生的投资收益。

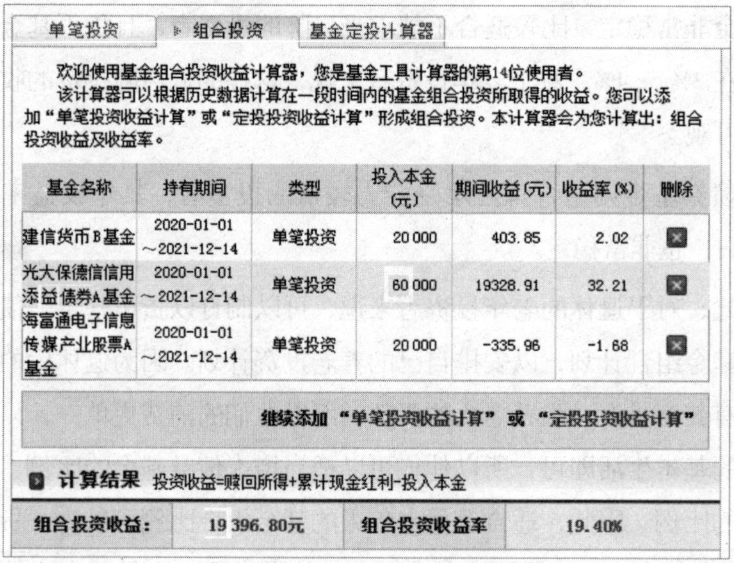

单笔投资 ▶ 组合投资 基金定投计算器

欢迎使用基金组合投资收益计算器，您是基金工具计算器的第14位使用者。
该计算器可以根据历史数据计算在一段时间内的基金组合投资所取得的收益。您可以添加“单笔投资收益计算”或“定投投资收益计算”形成组合投资。本计算器会为您计算出：组合投资收益及收益率。

基金名称	持有期间	类型	投入本金（元）	期间收益（元）	收益率（%）	删除
建信货币B基金	2020-01-01～2021-12-14	单笔投资	20 000	403.85	2.02	
光大保德信信用添益债券A基金	2020-01-01～2021-12-14	单笔投资	60 000	19328.91	32.21	
海富通电子信息传媒产业股票A基金	2020-01-01～2021-12-14	单笔投资	20 000	-335.96	-1.68	

继续添加“单笔投资收益计算”或“定投投资收益计算”

计算结果 投资收益=赎回所得+累计现金红利-投入本金

组合投资收益：	19 396.80元	组合投资收益率	19.40%

图6-21　投资收益

从上图可以看到，经过这一番投资，杨先生获得了19 396.80元的收益，整体来看投资收益也不错。

第7章

不用择时的基金定投法

在基金投资中，很多投资者觉得困难的就是"择时"，不知道什么时候才是买入的最佳机会，以至于常常出现买在高位、卖在低位的情况。但是，有这么一种投资方法可以解决择时难的问题，帮助投资者更好地完成投资，这就是基金定投。

- 什么是基金定投
- 基金定投的选择标准
- 基金定投的时间频率
- 基金定投扣款失败
- 确定每月的定投金额

7.1 全面了解基金定投

基金定投是近两年比较火的一个词语，也被称为最适合懒人的投资方式，投资者只需要在投资之初设置好相关的扣款事项就可以不用管它。那么事实真的如此吗？下面一起来走进基金定投看看它具体是怎么一回事儿。

7.1.1 什么是基金定投

基金定投是一种投资方式，有点儿类似于银行的零存整取业务。常规的基金投资是一次性将一笔大额资金买入某只基金，而基金定投则是将这一笔资金分批分期买入某只基金。基金定投的买入时间、投资频率和每次投资金额都有一定的规律性和计划性。因此，基金定投指的是在固定时间投入固定资金的基金投资方式。

基金定投是平台为投资者们提供的一个便捷的投资方式，投资者只要想做基金定投，就可以在基金公司网站或第三方基金销售机构，制订基金定投计划，选择好目标基金，设定好每次扣款的日期、金额以及扣款的银行卡卡号等。到了指定日期，基金公司或第三方基金销售机构就会在约定的时间内自动扣款，自动完成申购。

实例分析

支付宝理财设置基金定投

打开支付宝软件，在页面下方点击"理财"按钮，进入理财页面。在页面中点击"基金"按钮，如图7-1（左）所示。进入基金页面，在页面中点击"省心定投"按钮，如图7-1（右）所示。

图 7-1 点击"省心定投"按钮

进入定投专区，在页面中选择目标基金，并点击"一键定投"按钮，进入定投页面，按照页面提示设置定投金额、定投周期和付款方式，再点击"确定"按钮，如图 7-2 所示。

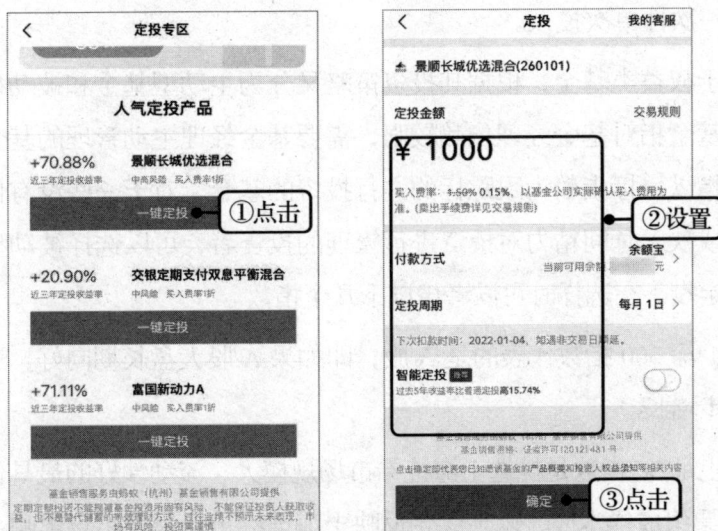

图 7-2 定投设置

从上述步骤可以看到，设置基金定投非常简单，几个步骤就可以完成。而且几乎所有的基金销售平台都支持基金定投，非常便捷。

7.1.2 基金定投的选择标准

基金定投虽然是一种非常简单实用的投资方式，但却并不适合所有的基金类型，不适合的基金做定投，不仅不能降低投资风险，还会减少投资收益。所以，我们做基金定投需要筛选真正适合的基金。

市场中的基金有很多，例如货币基金、债券基金、股票基金以及混合基金，我们可以将其划分为两种类型，即权益类基金和非权益类基金。权益类基金指的是股权占比较高的基金，例如股票型基金和混合型基金；非权益类基金是指债券型基金和货币型基金。

做基金定投首先要筛除非权益类基金，因为非权益类基金稳定性较强，基金净值波动变化比较小，投资者无论哪个时间节点买进，其收益都相差不大。其次，对于这一类非权益类基金，通过基金定投分批次买进，其收益低于一次性单次投入。

对于权益类基金，根据其投资策略又分为主动型基金和被动型基金。主动型基金指对基金经理依赖较强，需要基金经理主动管理的基金；被动型基金指以目标指数为跟踪标的进行投资的基金。对于一些没有什么投资经验，或缺乏时间精力对投资进行管理的投资者，可以选择被动型基金进行基金定投。在选择时可以考虑以下几个指数。

①沪深300指数代表的是A股，即如果A股大盘长期向好，这个指数也会同步增长。

②上证50指数是挑选上海证券市场规模大、流动性好的最具代表性的50只股票组成样本股，以便综合反映上海证券市场最具市场影响力的一批龙头企业的整体状况。因此，它代表的是A股中的大蓝筹股，也就是白

马股、优质股。

③中证 500 指数是由全部 A 股中剔除沪深 300 指数成分股及总市值排名前 300 名的股票后，总市值排名靠前的 500 只股票组成，综合反映 A 股市场中一批中小市值公司的股票价格表现。

当然，除了这些宽基指数，如果投资者对某些行业指数比较看好，也可以选择行业指数基金。在选择行业指数时可以优先考虑以下几个行业，如表 7-1 所示。

表 7-1　行业指数

行　　业	说　　明
消费行业	老百姓的日常生活中，衣、食、住、行每一项都离不开消费，所以消费的需求比较稳定，其他行业可能存在衰退，但消费行业表现却一直稳定。所以投资者可以选择消费指数，包括中证消费、全指消费、上证消费和消费 80 等
医药行业	医药行业也一直是比较热门的一个行业，它与人们的生活息息相关。从长期来看，人口老龄化、居民医疗保健需求增加，所以医药生物行业具有较高的投资价值
新能源行业	新能源项目一直是国家的重点项目，其中涉及的可再生能源生产、新能源应用以及新能源储存等，都受到了市场的广泛关注
科技行业	科技是企业的核心竞争力，而高科技行业一直具有高成长性和盈利性的特征

在选择主动型基金时，主要是选择基金经理，因为基金经理的个人能力会直接决定该基金的业绩表现情况。投资者在选择时应该选择过去业绩表现优秀且基金经理稳定的基金。此外，选择的基金成立的时间越久，通常也越稳定。

7.1.3　基金定投的时间频率

基金定投指的是在固定的时间将固定的金额投到同一只基金中。其中，固定的时间是指设置的固定扣款日期，例如每周扣款一次或每月扣款一次。

通常大部分的基金销售平台都提供了这一功能。

但是很多投资者在实际投资时常常会纠结，不知道应该选择每月扣款一次，还是每周扣款一次。从理论上来看，当然扣款的次数越多，买进的时间点越分散，投资就越能起到分散风险的作用。那么事实真的是这样吗？我们以一个具体的例子来看。

实例分析

每月定投和每周定投的比较

我们每月定投 1 000.00 元国泰沪深 300 指数基金 A（020011），定投时间从 2020 年 1 月 8 日至 2021 年 12 月 8 日，扣款 23 次，投资成本为 23 000.00 元，其收益计算如图 7-3 所示。

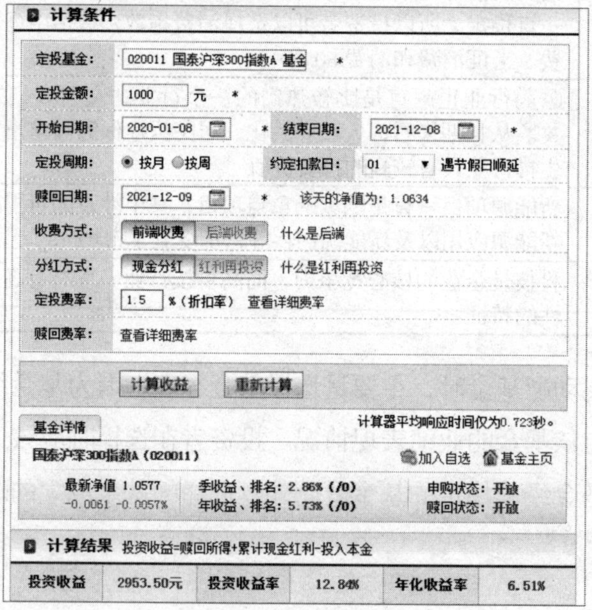

图 7-3　收益计算

然后按照每周定投 250.00 元的方式进行投资，同样的时间段，扣款次数 99 次，投资成本 24 750.00 元，收益计算如图 7-4 所示。

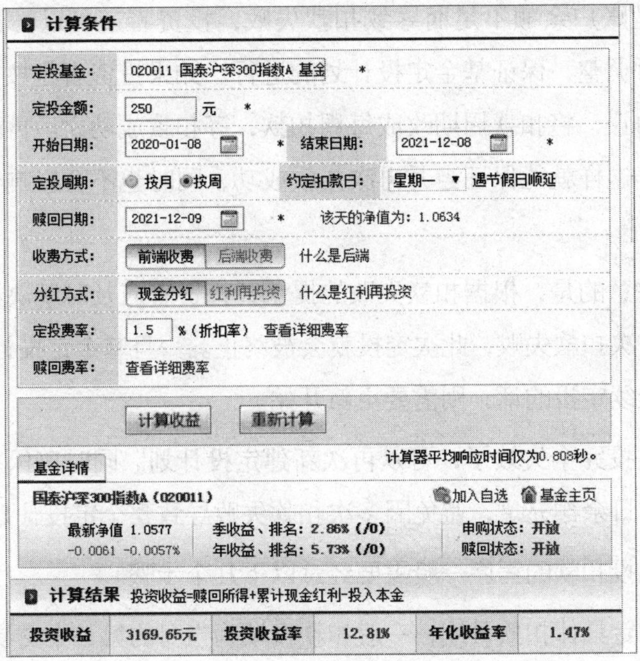

图 7-4　收益计算

可以看到，每月定投收益共 2 953.50 元，每周定投收益共 3 169.65 元，两者之间收益相差不大。可见，周定投和月定投的收益率差距不大，不管是在时间上，还是周期上，都没有呈现出非常明显的差别和趋势。因此，投资者可以根据自己的投资喜好、资金情况选择定投周期。

7.1.4　基金定投扣款失败

投资者在基金销售平台设置好基金定投参数之后，系统会到期自动进行扣款，并为投资者买进目标基金。但是，部分基金定投者会遇到这样一个情况：系统自动扣款失败。

系统扣款失败通常都是银行卡余额不足导致的。一般出现这样的情况后，系统会短信提醒投资者及时充值，然后系统会再次进行扣款。

如果是账户余额不足而导致扣款失败，投资者还可以尝试通过以下方法来进行调整，保证基金定投计划的进行。如果投资者是按月扣款的，可以修改协议，将扣款周期改成每周扣款，等扣款成功之后再改回之前的每月扣款，这样就能保证当月再次扣款成功，同时也不会影响基金的定投计划。

需要注意的是，根据扣款失败的提示，投资者应及时解决相应问题，如果连续3次扣款失败，此次定投就会被终止。一旦基金定投计划被终止，如果想要继续定投的话，则需要重新开始。

如果定投完全失效了，可以再次新建定投计划。同时确保扣款的账户在每次扣款日余额充足，避免因多次扣款失败导致整个定投计划终止。

基金定投扣款的程序一般需要经过以下几个步骤。

①不指定具体扣款日期，一般扣款日期为当月的第一个交易日。

②客户当天15:00前办理定投，当天扣款；15:00后办理定投的，次日扣款。

③如当日法定交易时间内投资人指定的资金账户余额不足，银行系统会自动于次日继续扣款，并按实际扣款当日基金份额净值计算确认份额。

④扣款账户余额不足，违约次数达到3次，系统将自动终止投资人的基金定投业务。

另外，投资者应该了解违约的计算规则：若投资人本期内的资金账户余额不足，则本期扣款申购不成功，违约次数加一。在下一期内，系统不仅要补扣上期申购款，还要扣取本期申购款，若补扣申购和本期扣款申购两者都成功，违约次数减一；若补扣申购成功但本期扣款申购不成功，违约次数不变；若补扣申购和本期扣款申购两者都不成功，违约次数再加一。

　　投资者应保证账户余额充足，尽量避免因为金额不足而影响基金定投扣款，从而影响基金投资计划。

7.2　制订适合自己的定投计划

　　基金定投看起来很简单，只需要设置好固定的时间和固定的金额即可。但实际上想要做好基金定投，并通过基金定投实现收益，却也并非易事，很多人都不知道应该如何制订一份适合自己的定投计划。其实，制订定投计划是有流程的，依照流程才能使定投更顺畅。

7.2.1　确定每月的定投金额

　　确定了基金定投这种投资方式之后，投资者首先需要确定的就是每月需要定投多少钱？如果每月定投的资金较大，可能会给自己带来较重的经济负担；但如果定投的金额较少，则投资的意义又不大。因此，每月定投多少钱需要投资者仔细规划。

　　因为每个人的经济情况不同，收入高低也不同，所以定投的金额自然也不同，投资者需要结合自身实际经济情况来设置。这里介绍两种实用的金额确定法。

（1）闲钱计算法

　　闲钱计算法指的是根据每月的收入和开支情况来估算每月可用于投资的闲置金额，具体计算公式如下：

定投金额 =（月收入 - 月支出）÷2

　　有很多人对闲钱存在误解，认为闲钱就是每月收入除去每月开销之后的余额。其实不然，余额不等于闲钱，闲钱是空置的钱，通过投资提高其利用率，增加收入。但是，实际生活中可能会出现一些突发状况，所以需要预留一些现金及现金类产品在身边。因此，余额中应预留一半的资金作为备用金。

例如，某个家庭的月收入是 10 000.00 元，每月支出是 4 000.00 元，每月结余 6 000.00 元。那么，该家庭每月可以拿出来做定投的资金为 3 000.00 元。

（2）根据目标计算定投金额

每一个投资者在理财投资之前都会有一个大概的投资目标，例如，定投 5 年实现 20.00 万元本金收益和，然后投资者可以对这一目标进行计算划分，看看 5 年 60 个月中每个月应该定投多少钱才能完成目标。这种倒推的方式，能够让每月的定投金额更精准，投资目标也能更实际、更具体。

这里以 5 年定投让资产达到 20.00 万元为例，假设基金定投回报率为 10%，那么投资者每月应该投入的资金是多少呢？

此时我们需要用到 PMT 函数，即年金函数，基于固定利率及等额分期付款方式，返回贷款的每期付款额，具体操作方法如下。

实例分析

利用 PMT 函数计算定投金额

某投资者设定了一个 5 年期 200 000.00 元的定投目标，如果以年回报率 10% 来进行计算，那么每月应定投多少钱？

打开 Excel，建立空白表格并在表格中输入基本的数据信息，单击月定投金额后的单元格，单击"公式"选项卡，单击"财务"下拉按钮，选择"PMT"函数，如图 7-5 所示。

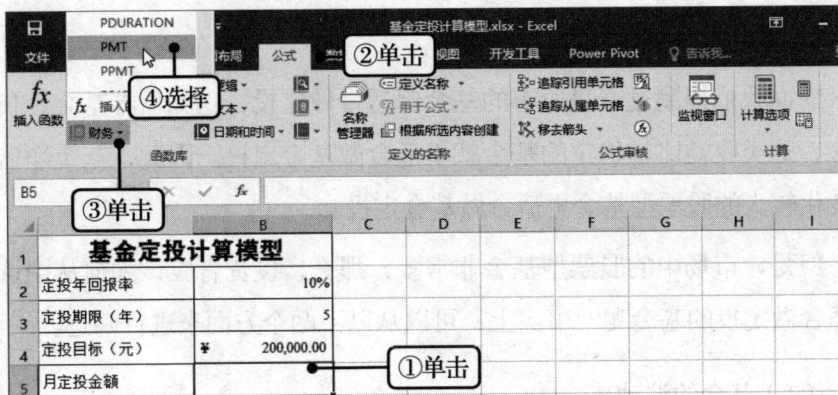

图 7-5　选择"PMT"函数

打开函数参数对话框，输入参数，单击"确定"按钮，如图 7-6 所示。

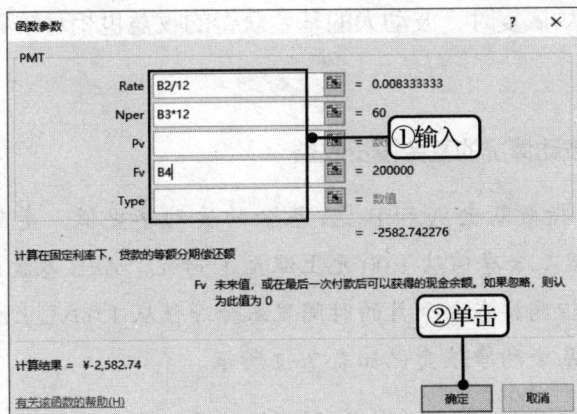

图 7-6　PMT 函数计算

从图中结果可以看到，投资者每月大约定投 2 582.74 元，基本能实现投资目标。

需要注意的是，根据投资目标计算每月定投金额时不能脱离实际，也就是说要检查一下每月定投的金额是否超出了自己的承受范围，这样的投资金额会不会对家庭正常生活产生影响。如果答案是会的话，投资者就需要重新计算每月的定投金额。

7.2.2 筛选适合做定投的基金

前面我们提到过不是所有的基金都适合做定投，例如债券基金、货币基金，这类收益比较稳定的基金就不适合做基金定投。因此，基金净值波动变化较大的股票型基金更适合做基金定投。

但是，市场中的股票型基金非常多，那么，投资者应该如何从中选择出适合做定投的基金呢？事实上，可以从以下两个方面来进行筛选。

（1）基金的波动率

一般来说，基金的波动变化越大，则越适合做定投。当股票市场处于低位时，波动越大的基金，相同金额买到的基金份额比波动小的基金肯定要高，将来市场恢复时，波动大的基金获得的收益也相对较高。

实例分析

比较两只不同波动情况的基金投资收益

假设两只指数基金A和B，A基金的波动率更低，走势更平稳，在5个月的时间里基金净值从1.00元上涨至1.50元。而B基金波动率更大，走势变化大，但同样在5个月的时间里基金净值从1.00元上涨至1.50元。这5个月两只基金的净值变化如表7-2所示。

表7-2 基金净值变化

时　间	A基金净值（元）	B基金净值（元）
第1个月	1.00	1.00
第2个月	1.20	0.80
第3个月	1.30	0.60
第4个月	1.40	1.20
第5个月	1.50	1.50

两只基金同样投资 4 000.00 元，且以定投的方式进行投资，每月定投 1 000.00 元，定投了 4 个月，在第 5 个月基金净值为 1.50 元时赎回，计算两只基金的投资收益。

①A 基金

第 1 个月买进份额：1 000.00÷1.00=1 000（份）

第 2 个月买进份额：1 000.00÷1.20 ≈ 833.33（份）

第 3 个月买进份额：1 000.00÷1.30 ≈ 769.23（份）

第 4 个月买进份额：1 000.00÷1.40 ≈ 714.29（份）

A 基金投资持有的份额总数：1 000+833.33+769.23+714.29=3 316.85（份）

A 基金收益：3 316.85×1.50−4 000.00 ≈ 975.28（元）

②B 基金

第 1 个月买进份额：1 000.00÷1.00=1 000（份）

第 2 个月买进份额：1 000.00÷0.80=1 250（份）

第 3 个月买进份额：1 000.00÷0.60 ≈ 1 666.67（份）

第 4 个月买进份额：1 000.00÷1.20 ≈ 833.33（份）

B 基金投资持有的份额总数：1 000+1 250+1 666.67+833.33=4 750（份）

B 基金收益：1.50×4 750−4 000.00=3 125.00（元）

根据上述例子可以看到，两只基金定投，B 基金波动更大，投资者相同的金额买到的基金份额比波动小的 A 基金的份额更多。尽管两只基金的单位净值都从 1.00 元上涨到 1.50 元，但是明显定投 B 基金，投资者获得的收益更高。

在实际的投资中，投资者可以借助指标来判断基金的波动大小，从而选择波动更大的基金。一般来说，基金的标准差指标也被称为波动率，它是衡量基金波动稳定程度的工具，基金收益波动的幅度越大，那么标准差也会越大，风险越大。

标准差是基金投资中的特色指标，通常在基金平台中可以查看到，例如晨星网中。

实例分析

晨星网查看基金的标准差

打开晨星网，登录账号，在首页的搜索文本框中输入目标基金代码，找到目标基金，如图 7-7 所示。

图 7-7　输入目标基金代码

进入基金详情页面，在页面中向下滑动鼠标，找到特色风险数据，如图 7-8 所示。在其中可以看到平均回报（%）、标准差（%）、晨星风险系数以及夏普比率等数据。

◼风险评估						2021-11-30
	三年	三年评价	五年	五年评价	十年	十年评价
平均回报（％）	-	-	-	-	-	-
标准差（％）	33.41	-	-	-	-	-
晨星风险系数	15.57	-	-	-	-	-
夏普比率	1.51	-	-	-	-	-

◼风险统计		2021-11-30
	相对于基准指数	相对于同类平均
阿尔法系数（％）	36.31	12.50
贝塔系数	0.60	1.14
R平方	14.50	42.62

◼风险评价	2021-11-30

图 7-8　查看数据

（2）估值低的基金

除了从基金的波动率进行选择之外，还要考虑基金的估值情况。基金估值是指按照公允价格对基金资产和负债的价值进行计算、评估，以确定基金资产净值和基金份额净值的过程。

投资者在选择基金定投时，要查看基金的内在质量，当基金估值处于被低估的状况时，说明该基金适合做定投，一旦基金价格回归正常，投资者便可实现获利。但如果基金当前的估值处于被严重高估，那么则说明该基金虚高的可能性较大，不适合做定投，后市基金下跌的可能性较大。

总的来看，在筛选基金做定投时应选择波动率大、基金价值被低估的基金，更具有投资价值。

7.2.3　选择一条适合定投的渠道

选择好基金，确定了每月定投的金额之后，投资者还需要选择一个自己比较熟悉又比较方便的渠道，展开定投。

有的人比较习惯使用支付宝，常年将资金放在支付宝中，所以更喜欢在支付宝中做投资。有的人则更喜欢证券账户，除了用证券账户做基金投资之外，还可以做股票投资，这样一举两得，既可以管理基金，也可以管理股票。还有的人喜欢通过银行购买基金，认为银行安全性更高。

一般来说，选择银行定投主要有两种方式：一种是携带身份证及银行卡直接到网点理财专柜，开通基金账户，签订定投协议，购买银行代销的基金定投产品。另一种是通过网上银行办理，投资者可以直接在网上银行开立基金账户，创建定投计划。

如果投资者想要在基金公司官网展开定投，只能购买该基金公司旗下的基金定投产品，虽然也比较方便，但是在产品种类上存在较大的局限性。

在基金销售第三方互联网平台定投，综合来看是比较方便的，不仅产品数量种类丰富，且同样能够提供专业的基金销售服务。

其实，这些渠道都可以，且这些渠道也没有优劣之分，最关键的是优选自己熟悉的软件和平台，另外还要保证自己操作起来简单易管理，这样才是最省心的。

投资者构建好定投计划，开始定投之后并不意味着可以一劳永逸了，还需要适时检查自己的定投计划，不断地对其进行优化和改进。另外，还要适时地剔除和替换没有太多投资价值的基金，这样才能使自己的基金定投计划保持在优秀的状态中。

7.3 选择适合的智能定投模式

为了方便投资者轻松操作定投，提升定投的收益，很多基金平台都推出了智能定投模式。智能定投是在一般基金"定投"的基础上，针对不同客户需求与投资目标而设计开发的一种智能的定期投资方式，这样一来就使原本的基金定投扣款更灵活，投资更可控，收益更高。

市面上的智能定投模式有很多，下面来看看比较常见的几类智能定投模式，了解它们是如何操作的。

7.3.1 均线模式：以均线偏离程度确定定投金额

均线智能定投模式是以均线为基准线，当指数低于均线时，加大定投的金额；当指数高于均线时便减少定投金额。通过这样的方式实现低点时多买，高点时少买，充分利用市场行情的变化，摊薄投资者的建仓成本，从而获取更高的投资收益。

从均线策略的内容可以看到，定投时是根据指数与均线的偏离程度来进行扣款的，所以利用均线法做定投需要以下 3 个必要条件。

确定参考指数。参考指数很好理解，就是一些主流指数，例如上证综指、沪深 300 及创业板指数等。

确定均线。因为均线也分为很多种，例如 60 日均线、180 日均线及 500 日均线等，所以需要明确投资时具体使用哪种。

确定级差。投资者在做定投前需要设置一个基准扣款金额，当指数低于均线时，就在基准扣款金额的基础上上浮一定的比例进行扣款；当指数高于均线时，就在基准扣款金额的基础上降低一定的比例进行扣款，从而实现低点时多买，高点时少买。

下面以支付宝基金理财中的均线定投策略为例进行讲解。

实例分析

支付宝智能定投均线策略

支付宝中的指数基金智能定投均线策略是根据参考指数的收盘价和历史均值，动态调整扣款率，高于均线便减少投资金额，低于均线则提高投资金额。实际定投金额的计算公式如下：

实际定投金额 = 基础定投金额 × 当期扣款率

当 T-1 日指数收盘价高于 500 日平均值时，实际的定投金额扣款率如表 7-3 所示。

表 7-3　定投扣款率

T-1 日指数收盘价高于 500 日平均值	实际扣款率
0 ～ 15%	90%
15% ～ 50%	80%
50% ～ 100%	70%
100% 以上	60%

当 T-1 日指数收盘价低于 500 日平均值时，实际的定投金额扣款率如表 7-4 所示。

表 7-4　定投扣款率

T-1 日指数收盘价低于 500 日平均值	近 10 日振幅 > 5% 实际扣款率	近 10 日振幅 ≤ 5% 实际扣款率
0 ～ 5%	60%	160%
5% ～ 10%	70%	170%
10% ～ 20%	80%	180%
20% ～ 30%	90%	190%
30% ～ 40%	100%	200%
40% 以上	110%	210%

其中 10 日振幅计算公式如下：

指数过去 10 日振幅 = 指数过去 10 个交易日最高收盘价 ÷ 指数过去 10 个交易日最低收盘价 -1

假设某投资者设置的定投基准金额为 1 000.00 元，那么，当指数收盘价高于 500 日平均值 20% 时，应减少投资，此时的实际扣款率为 80%。那么计算当期定投的实际金额为：1 000.00 × 80%=800.00（元）。

当指数收盘价低于 500 日平均值 20% 时，且近 10 日振幅 ≤ 5% 实际扣款率时应提高投资，此时的实际扣款率为 180%。那么计算当期定投金额为：1 000.00 × 180%=1 800.00（元）。

可以看到，通过均线与参考指数的偏离程度来做定投是对定期定额投资的一种优化，能实现低点时多买、高点时少买，使定投更智能。但是，使用均线定投策略需要注意两点。

参考的指数。投资者要根据选择的目标指数基金选择对应的参考指数，例如买进的是沪深 300 指数基金，那么参考指数就应该是沪深 300 指数，否则参考的指数就失去了意义。

均线的周期。均线的周期有长有短，数量较多，投资者在选择时应选择时间跨度长的均线，时间跨度越长，越能反映指数的变化，越有参考价值。

7.3.2　成本模式：从投入成本的角度考虑定投金额

智能定投成本模式是一种基于用户持仓成本的移动平均法定期不定额买入的策略，在基金净值小于持仓单位平均成本时多买进，高于持仓单位平均成本时少买进。

移动平均成本法就是根据扣款前一个交易日的基金净值和平均持仓成本进行比较，根据其偏离程度来确定每一期定投金额。

简单来说，平均成本策略主要有以下 3 点内容。

①成本策略的核心是逆向投资。

②持仓成本是持仓基金自己与自己进行比较，而并不直接与大盘点位比较。

③成本策略需要根据投资者自己的风险承受能力来自行设置高于或低于平均成本 X% 时需要扣款的金额 Y。

下面以汇添富软件中的移动平均成本法智能定投为例进行介绍。

实例分析

汇添富中的移动平均成本法智能定投

汇添富软件中的移动平均成本法智能定投是根据"（T-1 日基金净值 - 基金单位持有平均成本）÷ 基金单位持有平均成本"这个比率将基金成本分为高估值区域、合理估值区域和低估值区域，然后针对不同的区域给出不同的定投金额的方法。

在这种策略中，需要设置两个参数，具体如下：

①区域边界值。通过两个边界值将估值区域划分为高估、合理和低估 3 个部分，然后根据基金当前的净值与持仓成本的偏离程度落入哪个估值区域，从而判断基金当前的估值状态。

②定投金额。不同的基金估值状态对应不同的投资金额。

汇添富根据个人的风险偏好程度，提供了"进取策略""稳健策略"及自定义 3 种策略，图 7-9 所示为进取策略。

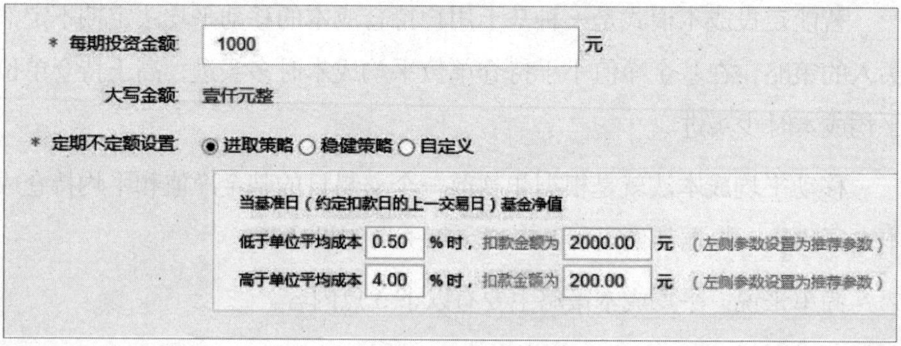

| * 每期投资金额 | 1000 | 元 |

大写金额　壹仟元整

* 定期不定额设置　◉进取策略 ○稳健策略 ○自定义

当基准日（约定扣款日的上一交易日）基金净值

低于单位平均成本 0.50 % 时，扣款金额为 2000.00 元 （左侧参数设置为推荐参数）

高于单位平均成本 4.00 % 时，扣款金额为 200.00 元 （左侧参数设置为推荐参数）

图 7-9　进取策略

图 7-10 所示为稳健策略。

| * 每期投资金额 | 500 | 元 |

大写金额　伍佰元整

* 定期不定额设置　○进取策略 ●稳健策略 ○自定义

当基准日（约定扣款日的上一交易日）基金净值

低于单位平均成本 14.50 % 时，扣款金额为 950.00 元（左侧参数设置为推荐参数）

高于单位平均成本 0.50 % 时，扣款金额为 200 元（左侧参数设置为推荐参数）

图 7-10　稳健策略

可以看到，移动平均成本法更适合不同风险承受能力的投资者。如果是激进的投资者，当基金净值高于持仓成本的幅度参数不多时，定投金额相对于基准扣款金额的减少幅度较小。当基金净值低于持仓成本的幅度参数不多时，定投金额相对基准扣款金额的增加幅度较大。也就是案例中，当基金净值低于单位平均成本 0.5% 时，扣款金额为 2 000.00 元；当基金净值高于平均成本 4% 时，扣款金额为 200.00 元。

如果是保守型的投资者，则需要等到持有成本与基金净值之间的差异幅度已经较大时才会变动定投金额，否则就一直按照基准额度扣款。例如案例中，当基金净值低于单位平均成本 14.5% 时，扣款金额为 950.00 元；当基金净值高于平均单位成本 0.5% 时，扣款金额为 200.00 元。

另外，在实际投资操作中，投资者并不需要每天自己去计算持有成本和当日基金净值之间的差异，因为平台的智能定投功能通常会自动进行计算，投资者只需要根据自己的风险承受能力设置好相应的参数即可。

7.3.3　估值模式：根据指数的估值情况来调整定投金额

智能定投估值策略是基于市盈率的基本面策略，因为从历史数据来看，市场的点位和市盈率的关联度较高，所以我们可以根据市盈率水平的高低情况，来判断当前市场属于高估还是低估的状态，进而做到高估时少买，低估时多买。

估值法更多地应用于指数基金之中，通过判断指数是否被高估，进而决定是否买进对应的指数基金。

用 PE 来判断股票指数的估值高低主要有两种方法：绝对估值法和相对估值法。

（1）绝对估值法

绝对估值法就是找一个具体的临界数值来做参考，以判断指数估值的高低，例如当 PE 小于 10 倍时认为是低估，当 PE 大于 20 倍时认为是高估，而 10 ～ 20 倍范围内则认为是合理的估值区间。当估值处于被低估状态时买入 1.5 份，当估值处于被高估状态时买入 0.5 份。

（2）相对估值法

相对估值法是指用 PE 的历史分位数来判断指数的估值高低。例如，我们认为当 PE 分位数≤ 15% 时，为低估状态，可以买入 1.5 份基金；当 15% ＜ PE 分位数≤ 85% 时，为中性估值，买入基准基金份额 1 份；当 PE 分位数＞ 85% 时，为高估值状态，则买入 0.5 份基准基金。

可以看到，估值法跟成本模式一样，同样是设定不同的高估或低估值区间，在不同的区间内增加或减少相对于基础定投金额的百分比的扣款金额。

7.3.4 盈亏模式：根据投资的盈亏情况来调整定投金额

根据投资的盈亏情况来智能调整定投金额为定投盈亏法，操作也比较简单、直接，就是指如果定投账户的投资亏损达到一定的幅度，则说明当前市场处于低点，可以加大定投金额。

但是，定投盈亏法的局限性在于只能判断市场的低点，而无法进行高点判断，所以利用定投盈亏法只能在低点做加码定投，而在其他时候则按照投资者事先设定的基准扣款金额进行定投扣款。

在定投盈亏法中，投资者需要通过设置两个参数来实现低点多投，即定投账户亏损幅度达到 a% 时加大定投金额，加仓的幅度为 b%。

在实际的定投盈亏设置中，为了更好地把握市场行情，不放过市场低点，通常会以阶梯的形式进行设置。图 7-11 所示为某基金平台的定投盈亏法设置图。

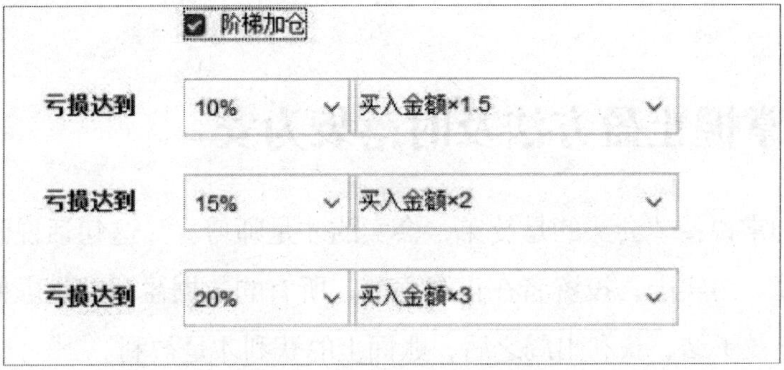

图 7-11　盈亏法智能定投

如果按照图中的设置进行定投操作，投资者每月定投的基准资金为 1 000.00 元，那么，当投资亏损达到 10% 时，定投金额提升至 1 500.00 元；当投资亏损达到 15% 时，定投金额提升至 2 000.00 元；当投资亏损达到 20% 时，定投金额提升至 3 000.00 元。

需要注意的是，如果遭遇熊市市场，投资者以盈亏法做智能定投可能会出现无底加仓的情况，即亏损越大，买入越多，越跌越买，越买越多。这样一来可能会给自己带来较大的经济损失，因此，为了避免出现这一情况，一般会在该策略的基础上加上熊市清仓策略和止盈机制。

熊市清仓策略。当市场估值处于高位且均线空头排列时，判断市场后续下跌，清仓。

止盈机制。设置止盈阈值 ×%，当持仓盈利达到 ×% 时，投资者需要立即赎回盈利部分，锁定收益。

可以看到，智能定投盈亏法的核心在于在下跌的行情中积极买入，跌得越多，越具有投资价值，所以越跌越买，从而实现摊低成本的目的。但是，该方法对投资者的心理承受能力具有一定的要求，如果投资者的心理承受能力较弱，则往往无法面对连续下跌的熊市行情，也不能在熊市行情中坚持定投策略，进而无法通过定投实现获利。

7.4　掌握止盈方法及时落袋为安

人们常说："会买的是徒弟，会卖的才是师傅。"这句话说明了止盈的重要性。事实上，投资者在止盈之前，所有的数据盈利都是虚假的，只有真正止盈了结、获利出局之后，账面上的获利才是盈利。

基金定投是一种长期理财方式，需要通过长期的分摊式投资来平摊成本风险，但是并不意味着不需要止盈。止盈是定投中的一个重要环节，也是利益的体现。因此，投资者需要掌握一些基本的定投止盈方法。

7.4.1　目标止盈法

目标止盈法是最简单的一种止盈方法，顾名思义，就是给自己的定投计划设置一个收益目标，一旦达到该目标就立即止盈。具体的止盈目标可以是"平均年化收益率 20%""实现盈利 10 000.00 元"，或者是"累计收益率达到 50%"等。

目标止盈法的关键在于确定目标收益率，如果目标设置得过低，有可能会错过牛市行情，以至于错失真正的盈利机会；但目标也不能设置得过高，如果目标过高，这样可能很难达到止盈点，因而错过止盈的最好时机。一般来说，设置的目标收益率在 20% ~ 30% 比较好，也比较适合。

当投资达到目标收益率之后，投资者有两种基金赎回方式。

（1）一次性赎回

一次性赎回指当投资达到目标收益率之后，投资者直接一次性全部赎回所有持有的基金份额，将收益结算出局，然后开始新的一轮定投。

一次性全部赎回操作比较简单，也是大部分投资者普遍会选择的一种赎回方式。

（2）分批赎回

分批赎回指当投资达到目标收益率之后，投资者如果发现当前的市场仍然处于牛市行情之中，如果全部赎回则可能会损失部分收益，因此可以先赎回部分基金，剩余部分的基金继续持有，以应对后期可能会继续上涨的行情。例如，当基金达到目标收益率后，投资者可以卖出持有的一半基金，等基金收益率再上涨 5% 时，再从中卖出一半基金，直至基金出现明显的止涨信号，转入到下跌行情中。

分批赎回是一种比较稳妥的、保险的赎回策略，这样投资者既能锁定前期收益，同时也不会错过后市可能继续上涨的行情，使自己的投资收益最大化。

目标收益率止盈的优势在于原理简单，投资者可以轻松上手，只要收益率达到目标值就能实现盈利。从长期来看，只有赚钱多与赚钱少的区别，而不会存在亏损。

但是，目标收益率止盈也存在明显的缺点。首先，如果投资者设定的目标过低，则可能会过早止盈，从而无法享受到后续的上涨行情。其次，如果利用分批赎回来规避后续可能继续上涨的行情，又可能会因为出现频繁赎回而增加手续费，进而增加投资成本。

7.4.2　最大回撤法止盈

如果说目标收益率止盈最大的缺点在于有可能会错过后市行情，那么最大回撤法就可以规避这一现实问题。学习最大回撤法之前首先需要了解什么是最大回撤。

最大回撤是指在选定周期内任一历史时点往后推，在净值下跌出现一个谷底时，谷底的最低点与谷底之前的最高点之间的差值，这就是最大回撤。

图7-12为创金合信新能源汽车主题股票A基金（005927）净值走势图。

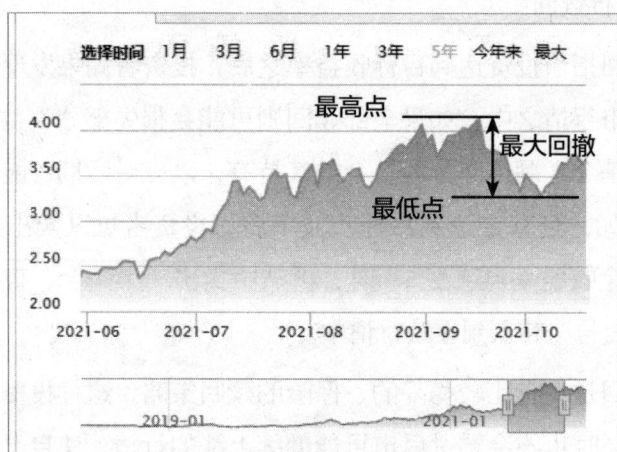

图 7-12　最大回撤示意图

从图中可以看到，在一个周期内，最高点与最低点之间的差值就是最大回撤。而最大回撤止盈是指当投资者持有的基金收益率达到一定值之后，止盈信号出现，投资者应该密切观察每日基金净值的回撤情况，一旦基金回撤的幅度大于设置的最大回撤阈值，则立即清仓，锁定定投的收益。

例如，设定当定投的基金收益率达到 50% 的时候开始考虑回撤，一旦定投的基金收益率超过 50% 时就需要开始检测在这个收益时间节点的基金净值往后发生的最大回撤。比如，最大回撤 10% 时，卖出持有的 1/2 基金，最大回撤 20% 时再卖出持有的 1/2 基金。

最大回撤法止盈比较适合于牛市行情，投资者在牛市获得超高收益之后，即便市场行情止涨下跌也能成功规避风险。但是，最大回撤止盈法也存在一定的局限性，具体如下。

最大回撤止盈法中最佳的最大回撤点不容易确定。 在最大回撤止盈法中最重要的是设置止盈的阈值，但是这个最佳的阈值却不容易设置，若阈值设置得过小，那么投资者则很容易错过之后更大的牛市行情。但如果阈值设置得过大，那么投资者相应的也会承担较大的风险，因为谁也无法确定，现在的低点是后市基金上涨的转折点，还是基金出现更大下跌行情的预兆。在实际投资中，阈值的设定主要是依靠基金过往历史的回撤情况来进行确定，历史回撤率越大，所需设置的阈值就越大，历史回撤率越小，对应的设置的阈值也就相对较小。

最大回撤止盈法无法获得最高收益。 最大回撤止盈法是根据基金净值的回撤程度达到设定的阈值来进行止盈的，虽然这样能够更好地把握后市可能上涨的牛市行情，但是，这同时也意味着投资者无法在最高点位置卖出，即投资者的收益无法实现最大化。

7.4.3　动态止盈法

对于止盈，很多人最大的遗憾就是在止盈之后，可能还会有一定的涨势，而大家担心过早止盈可能会错过后面的增长。但是，动态止盈法就是将止盈点根据市场行情的变化而进行调整，使其动态调整，保证不会错过市场中的上涨行情。

在道氏理论中，认为市场价格的波动总是呈趋势变化，一波一波走的，中间掺杂着各种回调和突破。而动态止盈法就是在上涨趋势不发生基本改变的前提下，依据上涨趋势不断调高止盈的位置。图 7-13 所示为动态止盈点。

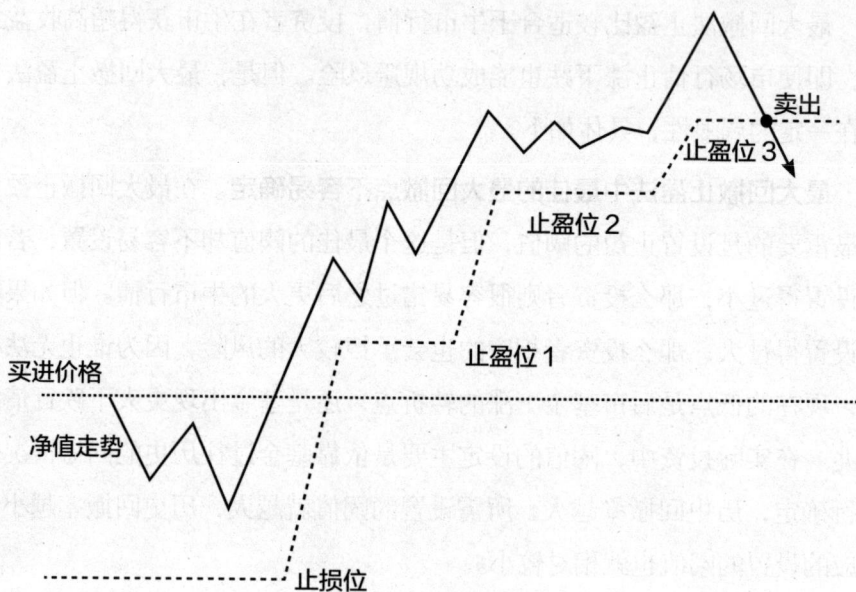

图 7-13　动态止盈

从图中可以看到，一共出现了 1 个止损位，3 个止盈位，各自有不同的意义，具体如下：

①止损位是以初始买进位置设置的止损位，是投资者能够接受的最大损失位置。

②止盈位 1 是买进后价格上涨，投资者计算的能够保本的、没有经济损失的止盈位置。

③止盈位 2 为价格继续上涨后向上调整的止盈位，只要价格不继续创新高，就保持止盈位置不变。

④止盈位 3 为价格继续上涨向上调整的止盈位，当价格下跌触及止盈位时立即离场。

动态止盈位的设置标准通常有以下 3 点。

①基金价格出现较大程度的回落。也就是说，基金价格与最高价格相比出现 5% ~ 10% 幅度的回落时就应该止盈卖出。当然，这里的 5% ~ 10% 是一个参考，如果投资者发现基金净值出现明显的见顶信号，那么即便回落幅度没有达到 5% 的标准，也要坚决卖出。

②在上升行情中，均线通常是随着价格上涨而上升的，但是如果价格掉头向下击穿均线，则说明趋势转弱，行情发生转变，投资者就需要立即止盈，锁定前期收益。

③当价格上涨到重要的阻力位时，出现明显滞涨，上方压力较重时，投资者也要及时出逃，坚决止盈。

虽然动态止盈法看起来比较复杂，但是这个止盈方法很多人都会，即便不知道具体的理论名称，在实际的投资中也会根据不断上涨的行情而不断向上抬升自己的止盈位置。但是这个方法也存在一个明显的不足，即每次出现较大程度的回撤并触发止损的时候，总是会回吐很多利润，从而减少投资收益。

7.4.4　估值止盈法

前面我们提到过可以利用估值来进行智能定投，在低估值时多买进基金，正常估值时可持续关注或少量买进，在高估值时持币观望。同样的，我们还可以利用估值来做止盈。简单来说，就是低估值时买入，正常估值时持有，高估值时卖出，这就是估值止盈法。

估值止盈法的核心是查询指数的估值情况，因此作为一名投资者，即便我们不需要知道每一个估值指标是如何测算的，但是要懂得如何查询指数的估值情况。

下面以韭圈儿网为例介绍指数的估值查询。

实例分析

韭圈儿网查询指数估值情况

打开韭圈儿官网，进入首页，单击右侧工具箱中的"指数估值"超链接，如图 7-14 所示。

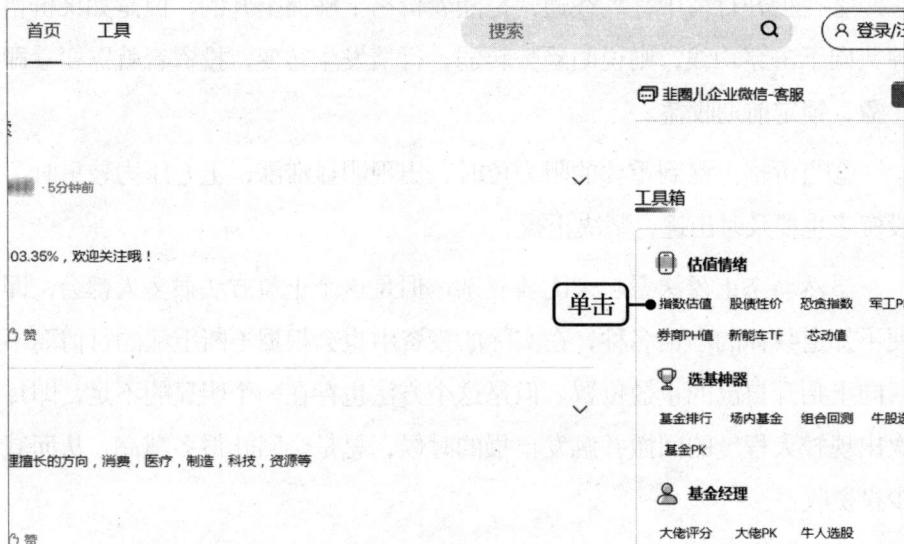

图 7-14　单击"指数估值"超链接

进入"指数估值"页面，在页面右侧可以看到全部指数列表。左侧可以根据导航快速筛选目标指数，例如选择规模指数、行业指数、主题指数、风格指数或是境外指数。

找到目标指数之后，在指数名称后，单击"查看详情"按钮，如图 7-15 所示。

图 7-15　单击"查看详情"按钮

　　进入指数估值详情页面，在该页面中可以查看目标指数详细的估值情况，如图 7-16 所示。

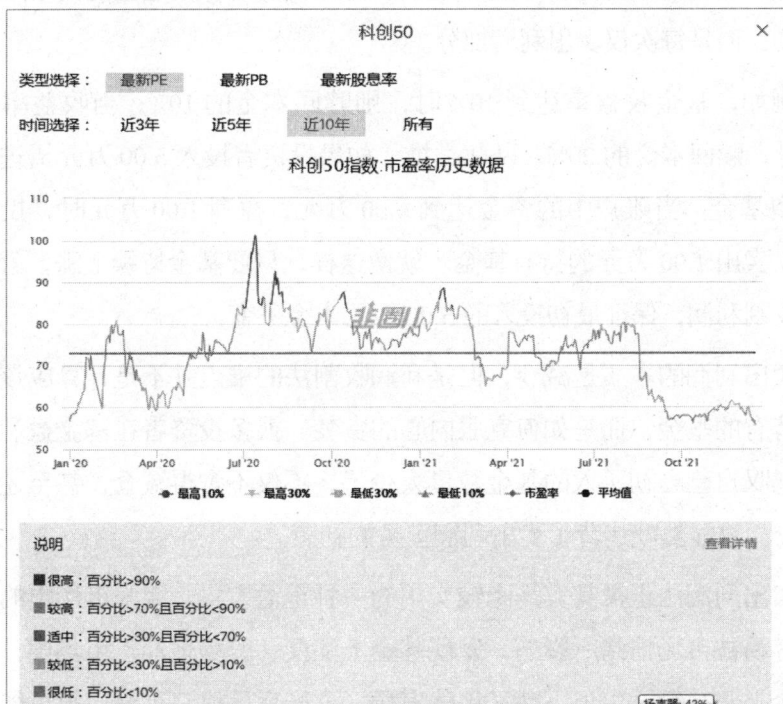

图 7-16　查看指数估值情况

利用估值止盈法做投资是在基金低估或相对低估时买进，在估值达到高估时卖出，这样一来安全边界较高，投资者承担的风险较小，是比较稳健的投资策略之一。

但是，投资者也要明白一个道理，并不是投资被低估的基金就一定没有投资风险。因为所有低估或高估的结果都是根据指数当前估值所处的历史百分位得到的，虽然历史数据对投资具有一定的参考作用，但是却不能完全代表未来的表现。

7.4.5　卖出利润法止盈

卖出利润法也被称为利润收割法，即在基金上涨过程中逐步卖出的方法。这样的止盈法优势在于及时止盈，有赚就离场，但这里的离场不是清仓离场，而是每次仅卖出利润部分。

例如，基金收益率达到 10% 时，则赎回本金的 10%；当收益率达到 20% 时，赎回本金的 20%，以此类推。如果投资者投入 5.00 万元买进某只股票型基金，当账户中的资金达到 6.00 万元，盈利 1.00 万元时，投资者就可以卖出 1.00 万元的持有基金。就像这样，只要基金持续上涨，就可以一直收割利润，保证最初投入的 5.00 万元本金不变。

卖出利润的本质是减仓，但是利润收割法的难点并不是计算应该卖出多少持有的基金，而是如何克服内心的贪婪。很多投资者在基金盈利时，总会感叹自己当初买入的基金数量太少了，不仅不舍得减仓，甚至还会继续加仓。这显然就违背了卖出利润止盈的初衷。

卖出利润法止盈其实是比较实用的一种止盈方式。因为市场中的投资者很容易被市场情绪所影响，发现基金上涨便一股脑地涌入市场中，当发现基金上涨减缓，出现下跌又集体离场，这样盲目追涨杀跌，很可能不仅不能实现盈利，还会让自己遭受损失。但是，收割利润止盈则可以保证投资者实时结算盈利。

7.5　提升定投技能的小技巧

定投看起来比较简单，任何投资者只要操作一次就能轻松上手，而且不用过多操心管理，系统固定时间按时自动扣款即可完成投资。定投也存在一些投资小技巧，掌握这些技巧，可以帮助投资者更好地开展定投活动，甚至提升投资收益。

7.5.1　定投的真实收益率怎么计算

定投收益率计算是一个比较复杂的事儿，很多人都不知道怎么计算收益，每月定期投入进去，那么投资成本和收益率该怎么计算呢? 这里介绍两种实用的定投收益率计算方法。

（1）实际收益计算法

实际收益计算法是从投资成本出发，即不管我们的投资成本分为了多少次进行投资，投入了多长时间，其投资成本是固定的，也是能轻松知道的，那么我们以当下的基金市值，减去投入的本金，余下的就是投资收益。这样一来就能快速算出基金的实际收益率了。具体计算公式如下：

本金 = 所有投入的资金之和

收益 = 基金现有市值 − 本金

投资收益率 = 收益 ÷ 本金 ×100%

假设某投资者每月定投 1 000.00 元，定投一年 12 期，赎回时基金净值为 2.10 元，投资者赎回时持有的基金份额为 8 230 份，计算该投资的定投收益率如下。

投入本金：12×1 000.00=12 000.00（元）

投资收益：2.10×8 230−12 000.00=5 283.00（元）

投资收益率：5 283.00÷12 000.00×100%=44.03%

需要注意的是，通过这样的计算方法获得的收益率为实际投资收益率，并非年化收益率。

（2）使用 Excel 中的 XIRR 函数

投资者还可以利用 Excel 中的 XIRR 函数进行计算，快速获得基金定投的收益率。XIRR 函数也称为资产加权收益法，且 Excel 中有专门的 XIRR 函数。投资者在 Excel 表格中输入对应的定投时间和定投金额，这里注意投入的金额为负数，收回的金额为正数；然后在任意空白栏里调出 XIRR 函数，把金额时间套入到公式中，按【Enter】键就可以计算出年化收益率。

如果投资者想要仔细了解定投收益率的计算情况，可以借助定投收益计算器，操作更简单，结果也更精确。如今很多基金销售平台都提供了基金定投收益计算器这一功能。

以东方财富网为例，打开"首页 / 基金 / 定投计算"页面，进入基金定投收益计算器功能页面。在页面中根据提示输入基金定投的详细信息，包括基金代码、定投开始日、结束日、赎回日、定投周期以及定投金额等，然后单击"计算"按钮，如图 7-17 所示。

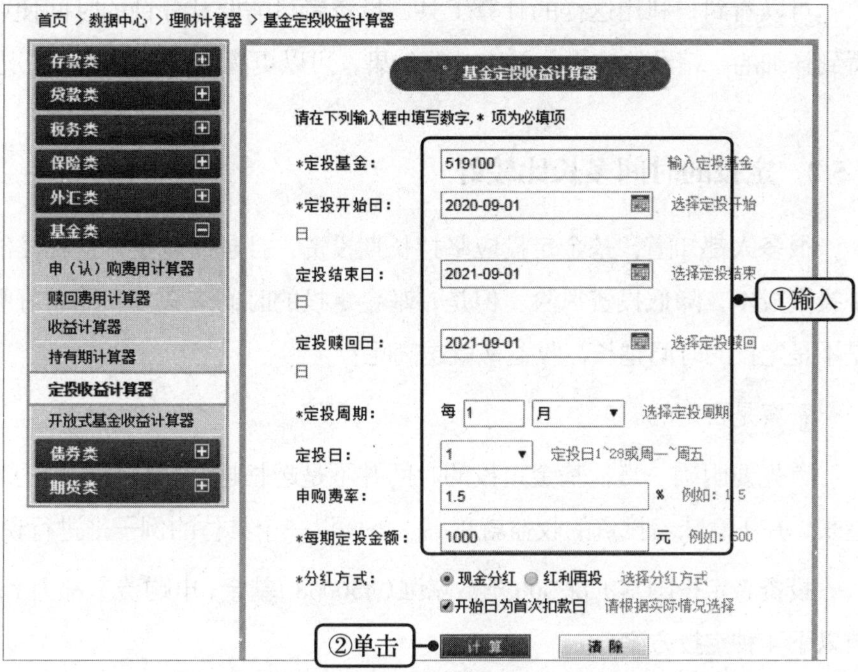

图 7-17　输入定投信息

完成后即可在页面下方看到详细的收益计算结果，如图 7-18 所示。

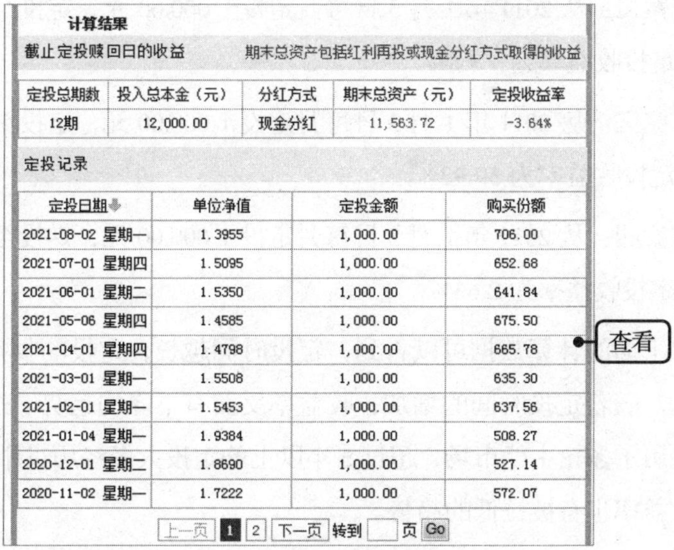

图 7-18　查看计算结果

可以看到，利用这样的计算工具，投资者只需要几分钟的时间便可以得到详细的、精准的定投收益率计算结果，可以更清楚定投的实际情况。

7.5.2 定投的时间多长比较好

很多人都知道，基金定投应坚持长期投资，且越跌越投，这样才能摊平投资成本，降低投资风险。但是，基金定投的时间应该多长比较好呢？是不是定投的时间越长，收益率就越高呢？

答案是否定的。

首先要明确一点，基金定投的时间并不是越长越好，基金定投的时间越长，并不意味着投资的收益就越高。下面以一个具体的例子来进行说明。

投资者定投国富沪深 300 指数增强（450008）基金，申购费率都为 1.5%，有以下 4 种定投方案：

方案一：从 2011 年 1 月 3 日每月定投 1 000.00 元，定投至 2012 年 1 月 3 日，定投收益率为 −18.66% 元。

方案二：从 2011 年 1 月 3 日每月定投 1 000.00 元，定投至 2014 年 1 月 3 日，定投收益率为 −8.8%。

方案三：从 2011 年 1 月 3 日每月定投 1 000.00 元，定投至 2016 年 1 月 3 日，定投收益率为 39.98%。

方案四：从 2011 年 1 月 3 日每月定投 1 000.00 元，定投至 2019 年 1 月 3 日，定投收益率为 2.65%。

从上面的计算数据可以看到，定投时间越长，定投的收益率不一定是最高的。随着定投时间的增加，收益率反而有下降的趋势。这是因为上证指数经历了多轮牛熊市场，超过 5 年以上的定投大多经历过牛熊市的洗礼，因此收益率也有被拉低的趋势。

市场存在周期性变化，牛熊市场不断更替，虽然市场长期趋势可能向上，但如果没有止盈，高收益率也可能只是昙花一现。

图 7-19 所示为上证指数 K 线走势。

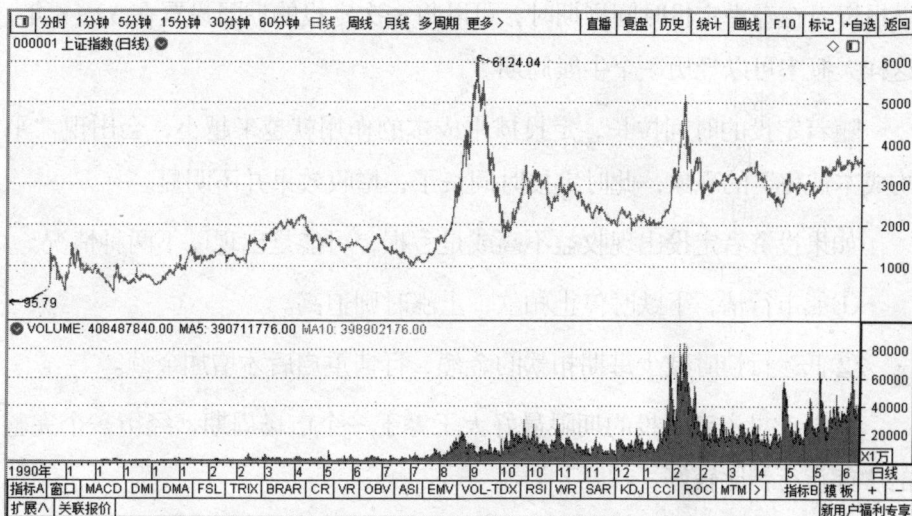

图 7-19　上证指数 K 线走势

从图中可以看到，上证指数经历了多轮牛熊市交替。

第一轮牛熊周期为 1990 年 12 月 19 日—1993 年 2 月 15 日，100 点—1 536.82 点，涨幅 1 436.82%。

第二轮牛熊周期为 1993 年 2 月 16 日—1997 年 5 月 12 日，1 536.82 点—333.92 点—1 500.39 点，跌幅 -78.27%，涨幅 349.33%。

第三轮牛熊周期为 1997 年 5 月 13 日—2001 年 6 月 13 日，1 500.39 点—1 041.96 点—2 242.42 点，跌幅 -30.55%，涨幅 115.21%。

第四轮牛熊周期为 2001 年 6 月 14 日—2007 年 10 月 16 日，2 242.42 点—1 034.38 点—6 092.06 点，跌幅 -53.87%，涨幅 488.96%。

第五轮牛熊周期为 2007 年 10 月 17 日—2009 年 8 月 4 日，6 092.06 点—1 771.82 点—3 471.44 点，跌幅 -70.92%，涨幅 95.93%。

第六轮牛熊周期为 2009 年 8 月 5 日—2015 年 6 月 12 日，3 471.44 点—1 959.51 点—5 166.35 点，跌幅 –43.55%，涨幅 163.66%。

由此可见，每一轮牛熊周期的时长基本在 3 ～ 6 年的时间范围内，所以投资者在考虑定投时间周期时，可以将一次定投的期限设置在 3 ～ 6 年，这样大概率可以经历一个牛熊周期。

随着定投的时间拉长，定投摊平成本的作用就越来越小，会出现"平均成本钝化"的现象，此时定投时间长了，增收效果并不明显。

如果投资者定投出现收益不高或是亏损，可能是出现以下两种情况。

①熊市行情，下跌时停止扣款，上涨时则追高。

②低迷行情时减少每期扣款的金额，行情重启后才增加金额。

所以，投资者定投的期限最好大于等于一个市场周期，经历一个完整的牛熊市行情比较好。